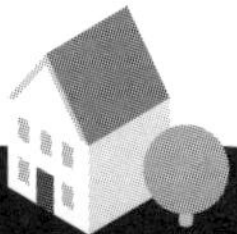

あなたの持ち家が危ない

家のアンチエイジング技師
山下隆盛

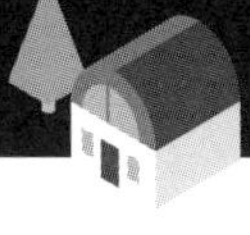

アスコム

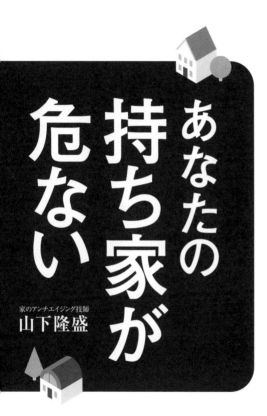

この本で紹介している工法、法律、補助金などの情報は、
2020年6月現在のものです。
法改正などで、本書の内容と異なる場合があります。

あなたの体が、歳とともに
衰えてくるのと同じように、
家も歳とともに
劣化していきます。
だから、体のアンチエイジングと
同じように、
家のアンチエイジングも
大切です。

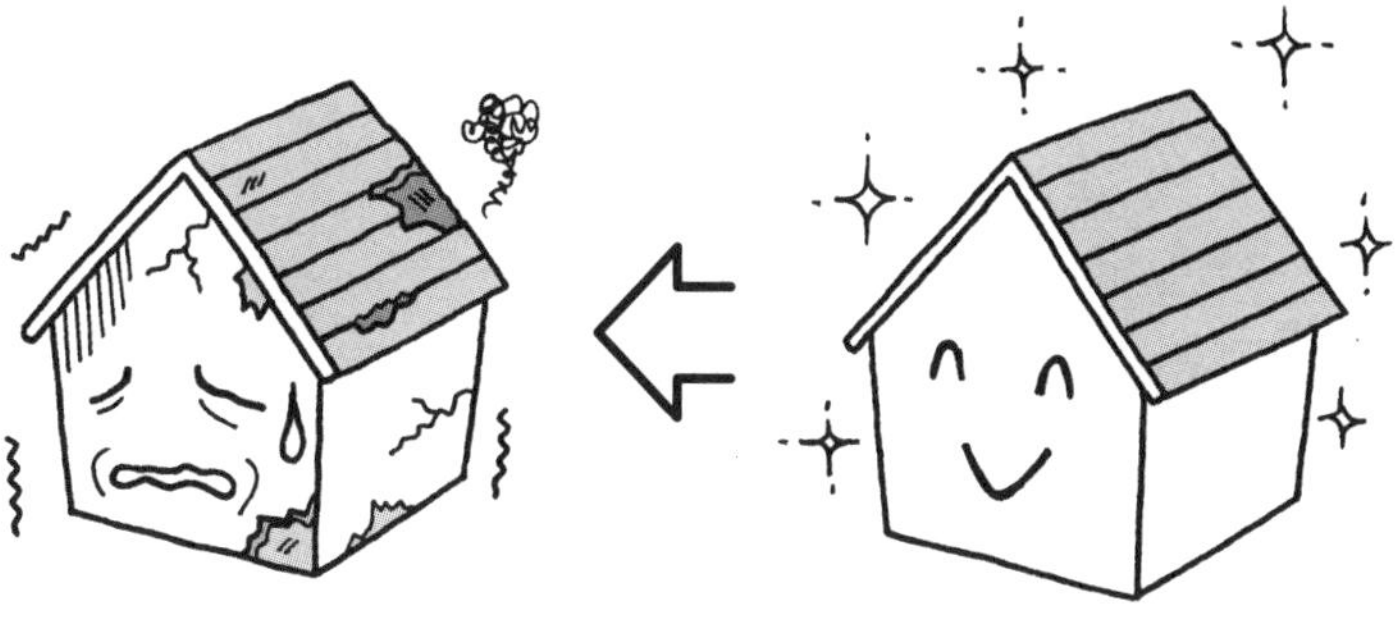

長年、家はさまざまな
猛威《もうい》にさらされています。

梅雨時の雨

夏の日差し

地震

台風

シロアリ

そのほか季節ごとの
風・温度差など……

あなたが想像している以上に
家は厳しい環境の中で
頑張っているのです。

そんな家をリフォームして、
家を長持ちさせると
こんないいことがあります。

大きな
台風などの災害が
起きても安心

家を誰かに
残せる

売れる
可能性がUP

高齢になっての
引っ越しの
心配なし

アレルギーや
ぜんそくなど
住宅環境による健康被害の
リスクが減る

家に人が
集まる

空き家問題、
地方創生といった
社会貢献に

ストレスの
かからない老後が
送れる

シロアリから
家を守れる

逆に何もせずにいると、
厳しい環境に負け、
20～30年で家はボロボロになり……

台風などの
災害で家が
壊れやすくなる

家を誰にも
残せない

家が
売れない

家に住めなくなり、
高齢での引っ越しを
しなくてはならない

こんな事態におちいってしまいます……。

湿気などによる
健康被害の
リスクが……

家族も帰省
したがらない

空き家問題、
過疎化といった
社会問題に

住環境による
ストレスがたまる

シロアリの
リスクUP

なにより、持ち家がボロボロで
手放さざるをえなくなると、
老後の住宅費が左の図のように変わっていきます。
家のアンチエイジングのためのリフォームは、
お金がかかりますが、リフォームに投資して、
長く持ち家に住み続ければ、
手放した人に比べて、
最低でも25年で、

老後資金が500万円増えるのです。

リフォームで
こんなに老後資金が増える!!

ボロボロの我が家をあきらめて、
25年賃貸に住んだ場合

25年分の家賃	**2550万円**（月8.5万円※）
更新料・敷金礼金	**136万円**
合計	**2686万円**

※2020年5月現在の神奈川県内、2LDKのおおよその中央値

リフォームをして
25年住み続けた場合

フルリフォーム代	**約1900万円**
固定資産税	**約250万円**
合計	**2150万円**

約500万円おトク!!

でも、気をつけてください。
家のアンチエイジングには知識とコツが必要です。
ただ、リフォームをしたらいいわけではありません。
実際にリフォームで、
さまざまな問題が起きているのも事実です。

では、どうしたらいいか？
それについてこれからこの本で説明していきます。

リフォームは難しい、面倒くさい
と思って放っておいている方。
何も難しいことはありません。
今回、できる限り、簡単に
実行できる方法を考案しました。
ただ、あなたが住む家に今まで以上に
関心を持って、家を大切にしたいという
気持ちがあれば大丈夫です。

ぜひ、家のアンチエイジングのための
リフォームをして、
今の持ち家をいつまでも、
若々しく保ってください。
それが、あなたの老後の幸せに、
間違いなくつながるはずですから。

家のアンチエイジング技師　山下隆盛

あなたの持ち家が危ない　目次

はじめに……3

第1章　家は生涯あなたを助ける最高のパートナー

あなたはどれだけ持ち家のことを考えていますか？……22
家を大切にする人ほど、幸福度が高くなる……28
「持ち家リスク」って本当？
家を長持ちさせると老後資金がこんなにたまる！……33
きれいな家だから、人が集まる！
さびしい老後とサヨナラ……38

猛威を振るう風水害から、生活と財産をしっかり守る……41
家をボロボロに食い荒らすシロアリを寄せつけない……45
家がいつまでも元気なら、あなたの体も健康になる……49
「高齢引っ越し」「漂流老人」のリスクがなくなる……54
老後の生活ストレスがたまりにくい！
持ち家で生き生きシニアライフ……60
きれいな家を最愛の伴侶へ最後のプレゼント！
死後の憂いが1つ解消する……64
きちんとメンテナンスされた
家の資産価値が高まる可能性が！……70
「いい家」に住み続けることが立派な社会貢献になる……73

第2章

あなたの大切な家を守るアンチエイジングリフォームとは

外壁と屋根の補修が家のアンチエイジングのカギ……80
あなたの家は大丈夫？
リフォームが今すぐ必要な外壁とは？……84
最長30年リフォーム不要の外壁も！
種類によってメンテナンス時期が変わる……91
何度塗り替えてもすぐはがれ落ちる外壁。原因はどこに？……94
リフォームが無駄に!?
「家の2000年問題」に要注意！……101
外壁のアンチエイジングに最適なのは
塗り替え？　それとも、張り替え？……109
屋根も塗り替えと張り替えでアンチエイジング！……114

第3章

世界一かんたんなリフォームプランの立て方

家のアンチエイジングのために、あなたが今すぐできること……120
しっかりリフォームを実現するには、綿密な計画が必要……124
「山下式ずぼらプラン」で、手間ひまかけずにアンチエイジング……130
インスペクションを上手に活用する「山下式ずぼらプラン」……136
インスペクションで補助金を有効に利用する……142
「つみたてＮＩＳＡ」でリフォーム投資をしよう！……149
意外とたくさんある！
補助金制度をいろいろと利用しよう……157
「実家問題」を先送りにすると悲惨！
盆暮れ正月に、家の話をしよう……164
より安心、安全！
アンチエイジングリフォームにプラスしたいリフォームとは……167

第4章

悪徳業者、手抜き業者から家を守る！リフォーム業者の選び方

ポイントは瑕疵保険の加入！
リフォームに精通した各専門工事会社に依頼を……172
訪問営業のリフォーム会社は断ったほうが無難……179
いいインスペクション業者を見分けて、損をしない……182
「足場費用無料」など、大幅な値引き業者は避ける……185
見積書にある一式という項目には要注意……187
「施工中の家を見せていただけませんか」は、
最高のキラーフレーズ……192

第5章 これからは、長持ちする家の価値がもっと上がる時代に

リフォームで長持ちする家が増えることを国も望んでいる……196

特別対談① 株式会社エー・エス・ディ 内山岳彦代表取締役社長
リフォームのデータ管理で、住み続けても価値が下がらないように……202

特別対談② ニューライフ・アカデミー 古畑秀幸代表取締役社長
好きなことをやって生きる時代にこそ「いい中古住宅」が必要不可欠……211

記念日にして、リフォームを楽しもう！……220
お客さまも工事会社も幸せになれるウィンウィンの技術を広める……223

おわりに……230
参考資料……237

第1章

家は生涯あなたを助ける最高のパートナー

あなたはどれだけ持ち家のことを考えていますか？

突然ですが、
あなたの家の誕生日（建った日）を
書いてみてください。

Happy Birthday My Home

年

月　　日

あなたを守ってくれる「持ち家」に愛を！

あらためまして、こんにちは。

家のアンチエイジング技師の山下隆盛です。

家をいつまでも若く、長持ちさせるためのリフォーム「アンチエイジングリフォーム」を専門に扱っています。

さて、突然、何を書かされたのかと怪訝《けげん》に思った方もいらっしゃったかもしれませんが、とても大切なことなので、ぜひ書いてみてください。

サッと書けましたか？

なかなか書けなかった方も、少なくないのではないでしょうか。

また、書けたとしても、その誕生日に何かをしたり、家の誕生日を話題にしたりしたことがある方は、ほとんどいないのではないでしょうか。

そもそも家が会話に上ることなど、家族間でほとんどないのではないでしょうか。雨漏りや壁が汚くなったなど、何か不具合があってはじめて、「大丈夫かな?」「どうしよううか」と話題になるぐらいでしょう。

でも、家はそんな軽い扱いをしていい存在ではありません。

家は、おそらくあなたの人生の中で、1、2を争う高い買い物であり、もしかしたら家族よりも長くあなたと一緒にいる存在です。

あなたの人生をともに生きているパートナーといっていい存在です。

ですから、せめて誕生日ぐらいは、家をお祝いしませんか?

お祝いをしないまでも、**毎年の誕生日に家が何歳になったのかを思い返し、できれば、最近どこか傷んでいるところはないか、直さなくてはならないところはないかなどと、家族で話したり、あらためて思い返したり**してほしいのです。

形あるものは、どんなものでもいつか必ず壊れます。

一見、丈夫で頑丈《がんじょう》に見える家も、もちろん例外ではありません。

住んでいる人が気づかないうちに劣化《れっか》が進み、損壊《そんかい》してしまえば、リフォームという手当てが必要になります。

人間の体と一緒です。

大きな病気は、突然発症《はっしょう》したように見えても、多くの場合は本人が気づかないうちに体の中で徐々に進行しているものです。

そこで我々は、ある程度の年齢になったら、どこか悪いところがないか、健康診断で自分の体をチェックします。

家を長持ちさせたい、できるだけ長く一緒に暮らしたいと望むのなら、ある程度の年月が経過したときには、大事になる前に健康診断を受けて、どこかに不具合があれば、その都度リフォームして直すことが必要になります。

だからこそ、家が今、何歳なのかを忘れないでいてほしいのです。

あなたの家は、今、何歳でしたか？

10歳が、人間でいうと大体40歳ぐらいに相当します。

ぼちぼち体に不具合が現れ始め、人間ドックによる検査が必須になる年ごろです。もしもその年齢を超えていれば、**特に不具合を感じていなくても、まずはインスペクションという家の健康診断を受けて、問題が見つかったら直してください。**

リフォームが面倒くさいこともわかります。

何していいかよくわからないし、見て見ぬふりをしたいのもわかります。

「何もしなくても大丈夫だろう」と楽観的になってしまうのもわかります。

でも、本書を読んでいただいて、すべきこと、注意すべきことを整理すれば、やらなければならないことはそんなにありません。

そしてあなたが、**手をかけ、家に長く住めば住むほど、家は、あなたの人生、特に老後に、物心両面でいくつもの素晴しいメリットをもたらしてくれます。**

だからこそ、私は、家のアンチエイジングリフォームをおすすめしているのです。

アンチエイジングリフォームの具体的な内容を話す前に、皆さんに興味を持ってもらうためにも、どのようなメリットがあるのかをまずは見ていきましょう。

家を大切にする人ほど、幸福度が高くなる

家が好きな人は、幸せな人生を過ごせる

株式会社 SuMiKa が2014年に行った「『家』と『幸福度』に関する調査」によると、「今の家が好き」と答えた人の約7割が幸せだと感じ、逆に「家が嫌いだ」と答えた人は約2割しか幸せを感じていませんでした。

そして、家を好きでいるためには、リフォームが欠かせません。

リフォームには、2種類あります。

1つは、**時間とともに傷んでくる家を修復するメンテナンスで、私は「アンチエイジングリフォーム」**と呼んでいます。

もう1つは、家を自分の使い勝手や趣味嗜好《しゅみしこう》に合わせるリフォームです。

今、中古住宅を買って、いろいろと自分好みに変えて住むリノベーションが、ムーブメントになりつつあります。

1軒の家を大切にする文化が広がりを見せているのは、非常にうれしいことですが、そればかりに目を向けていてはいけません。

まずは、家がいつまでも不具合なく存在し続けてくれることが大切です。

自分好みのリフォームを考えるのは、それからだと思うのです。

いくら外観をオシャレな姿かたちにしても、雨漏りなどで、家の内部がボロボロになって住めなくなっては台無しですよね。

そうなってしまえば、せっかく手をかけた家でも「好き」ではいられません。

あなたが家を好きでい続ける、つまり幸せであり続けるためにも、家のアンチエイジングを第一に考えてほしいのです。

リフォームと幸福度は関係する

ペットにしろ、大切なコレクションにしろ、気にかけたり、手をかけたり、世話したりすればするほど、愛着がわいてきます。

家も一緒。家の世話＝リフォームです。

先ほどのアンケートには、続きがあります。

リフォームをしたことがある人のうち、約7割が「幸せを感じている」と答え、「幸せを感じない」と答えた人は約1割しかいませんでした。

一見、リフォームは面倒くさそうに感じますし、幸せとかけ離れているように感じますが、若返った家を見れば気分がよくなりますし、長い間一緒に暮らすほど愛着がわいてきます。リフォームをしたら家族がひんぱんに来るようになったという話も聞きます。

幸福度とリフォームは本当に関係があるのではないかと私は考えます。


やらず嫌いはもったいないです。

「お金かかるし……」とおっしゃる方もいるかもしれません。

確かに、お金はかかります。

でも、先行投資と考えれば、かなり有益な投資になることは間違いありません。

おうち時間が増え、リフォームと幸福度の関係はさらに深まる

アンケートが行われた２０１４年から、昨今では大きな変化がありました。

ご存じのとおり、２０２０年がスタートしてまもなく、世界中がコロナ禍に見舞われたのです。

その結果、平日の夜や週末ばかりでなく、平日の日中も家で過ごす人が確実に増えました。

こうした傾向はまだしばらく続き、テレワークなどはさらに推し進められていくでしょう。

つまり、**今後は、多くの人が家で過ごす時間が増えるとともに、そこが心地よく好きだと感じられる場所かどうかが、人生の幸福度により密接にかかわってくる**と考えられます。

そこでリフォームの果たす役割は、これまで以上に大きくなるはずです。

「持ち家リスク」って本当？
家を長持ちさせると
老後資金がこんなにたまる！

老後資金に余裕を持ちたいなら、持ち家に住み続けるのが一番

自分の家を建てるのは、一生に一度の大きな買い物です。

かなりの決意をして買われた方も少なくないのではないでしょうか。

それなのに、最近では、「持ち家リスク」という言葉が聞かれるようになりました。

持ち家は、気軽に売買できないし、貸出しもできない、資産価値もすぐに落ちるし、リフォームなどで、維持をするのにもお金がかかる。持っていても、資産上のリスクでしかないというわけです。

持ち家を持っているであろう、この本の読者の方。そんな言葉に惑わされて不安を感じなくても大丈夫です。

確かに資産価値はすぐに落ちますし、貸出しもできないし、高くは売れないかもしれません。

しかし、先の時代を見据えれば、「持ち家」はまったくリスクではありません。

むしろ、老後資金に余裕が出るのは、ローンを支払い終えた持ち家に長く住み続ける人です。

なぜなら、ローン終了後の家に住み続ける間の住宅費が、かからないからです。

たとえば、夫が65歳、妻が60歳の夫婦が、持ち家を手放し、2人で家賃12万円の賃貸住宅に住んだとすると、15年で、約2200万円かかります。

そのとき、夫は80歳、妻は75歳。

平均余命は、夫は約8年、妻は約15年もあります。

それからも妻が同じ賃貸住宅に15年間住み続けたとしたら、家賃と更新料でさらに約2200万円以上支払わなければなりません。

これがローンを支払い終えた**持ち家に住んでいたら、かかるのはリフォーム代だけ**。

25~30年間家を長持ちさせるために大がかりな「アンチエイジングリフォーム」をしたとしても**1000万円~1900万円ぐらいでおさまる**でしょう。

リフォームをするためのお金がないという場合でも大丈夫。

マイホームに住み続けながら、その自宅を担保に金融機関からお金を借り、契約者が死亡、もしくは契約期間が満了したら、**自宅を売却して一括返済する「リバースモーゲージ」を使って借りるという手もあります**。

いずれにしても、「アンチエイジングリフォーム」をして持ち家に長く住み続ければ、かなりのお金が浮くことは、わかっていただけたでしょうか。

一方で、リフォームも何もせずに、家がボロボロになってしまって、住めなくなったり、住みたくなくなったりしたら、その恩恵にあやかることができなくなります。

つまり、家をいつまでも長持ちさせる「アンチエイジングリフォーム」が、老後資金に余裕を持つためには必要なのです。

いらなくなった部屋も、それほど邪魔な存在ではない

「長く住み続けるといっても、子どもたちが出ていってから、広い家に夫婦2人で住むのはすごくもったいない気がする」という方もいらっしゃるかもしれません。

しかし、別に空いている部屋があるからといって、余計な資金がかかるわけではないのです。

単純に、使っていないところがあるという事実が、なんとなく損をしているような気にさせてしまうだけなのです。

「掃除が大変！」と感じるかもしれませんが、使っていない部屋は、月に一度程度の掃除で十分。月に一度の掃除は実はとてもいい運動になります。

掃除機がけも、モップがけも窓ふきも、ウォーキングよりも消費カロリーが高いといわれている立派な運動です。

それに、空いている部屋は、自分の趣味に使ったり、収納部屋に利用したり、いろいろな使い方ができるはずです。

空き部屋を忌《い》み嫌うのではなく、楽しみが広がると前向きにとらえれば、むしろ余った部屋が多ければ多いほど、より豊かな人生が待っているともいえます。

きれいな家だから、人が集まる！さびしい老後とサヨナラ

空き部屋があるから、孫たちも好きなだけ泊まっていける

「年を重ねると、久しぶりに子どもが孫を連れて帰ってきたときに、本当に幸せを感じるんですよね」

最近、会ったお客さまが、こんなことを言っていました。

息子や娘が結婚をすれば、自分の子どもだけでなく、その伴侶《はんりょ》や孫も一緒に帰ってくることになります。

そんなときに、息子・娘の家族が遊びに来たくなるのは、どんな家でしょうか？

ボロボロで居心地のよくない家では、足も遠のきがちになります。

特に子どもは正直ですから、孫の顔を見れば、心から楽しめているかどうかはすぐにわかるでしょう。

また「おじいちゃん、おばあちゃん家に行く」と言っても、「あんなボロボロなところ嫌だよ」と言って嫌がることもあるでしょう。

きちんと手入れされて、きれいにリフォームをした家なら、孫のほうから「おじいちゃん、おばあちゃんの家に遊びに行きたい」と催促されるに違いありません。

きれいな家には自然と人が集まり、幸せな笑顔が絶えないものです。


そう考えると、持ち家を手放してまで部屋の数を減らした賃貸住宅に移るのは、もったいないというほかありません。

息子・娘の家族が家を訪ねてきても、そもそも泊まる部屋がなければ、日帰りするしかなくなります。

一方、持ち家にそのまま住んで、**空き部屋を残しておけば、遠くに住んでいて年に数回しか会えない家族との団らんを心ゆくまで楽しむことができます。**


持ち家をリフォームして、きれいに保ち、そこに住み続けるほうが、のちのちの幸せにもつながりやすい。

それが、日々のお客さまとのやり取りから得た、私自身の実感です。

猛威を振るう風水害から、生活と財産をしっかり守る

日本の家は、雨水への対策が絶対に欠かせない

近年猛威を振るい続けている台風、そしていつ起こるかわからない地震。
自然災害だから、どうしようもないと考えるのは、早計です。
災害による被害は、アンチエイジングリフォームをするかしないかによって、大きく変わる可能性があります。

簡単に説明すると、私が考える**アンチエイジングリフォームとは、主に雨水などの水分や湿気から家を守るためのリフォーム**です。

日本には四季があり、季節の変わり目には梅雨や秋雨といった長雨が降ります。
国土交通省の発表によれば、日本の年平均の降水量は、なんと世界平均の約2倍にも達するそうです。

木が多く使われている日本の住宅にとって、最大・最悪の敵は水です。

水が柱に染み込んだり、湿気が残ったりすると、柱が腐敗して弱り、家の耐久性がガクっと落ちてしまい、台風・地震などで大きな被害を受けやすくなるのです。

そのため、特に雨がよく降る日本では、家を長持ちさせるためには雨水への備えが欠かせず、私が考えるアンチエイジングリフォームはこの対策が主になります。

日々のメンテナンスこそが、生活と財産を台風から守る最善の備え

たとえば、「令和元年房総半島台風」では、屋根が吹き飛ぶなど、屋根材の被害が目立ちました。

大きな被害があった家の屋根のほとんどは、2001年に業界団体連合会が発行した瓦屋根標準設計・施工ガイドラインに準拠《じゅんきょ》していなかったといわれています。

しっかりとしたメンテナンスをしていれば、準拠しないままということはあまり考えられません。

つまり、新築されてから長い間、メンテナンスやリフォームをしていない家である

可能性が高いのです。

新築から数年間ならともかく、20年以上もメンテナンスをしなければ、普段の雨でも不都合が生じるかもしれず、ましてや相手が強大な台風では大きな被害につながったのも無理はありません。


別にこれは、歴史的な台風に限った話ではありません。

台風が通過したら、大体、屋根がはがれたといったご連絡を受けます。

周りを見渡して、それほど被害がなくても、その1軒だけ瓦がはがれているなどの被害を受けているのです。

そういう家は、**十中八九、雨水などが長年浸水して、屋根が傷んでいます**。

台風への備えに、特別な対処法があるわけではありません。

唯一にして最善の備えは、日ごろから浸水を防ぎ、家を丈夫に保ち続けるメンテナンスをすることなのです。

つまり、アンチエイジングリフォームこそが、災害への対策となるのです。

家をボロボロに食い荒らすシロアリを寄せつけない

家を再起不能にする！　恐ろしいシロアリの被害

家はさまざまな原因で劣化しますが、なんとしても防ぎたいのがシロアリによる食害です。

なぜなら、シロアリの「食害」は、家に再起不能のダメージを与える可能性が高いからです。

シロアリは、広葉樹材《こうようじゅざい》だけでなく、スギやヒノキといった針葉樹材《しんようじゅざい》を含む木材全般、さらに紙、発泡スチロールまでも食害します。

そのため、柱やはり、土台などの構造材、掘立柱《ほったてばしら》、ウッドデッキ、木製フェンス、家具や建具、立ち木、本、段ボールまで、家の内外のあらゆる木製品・紙製品が被害を受けます。

シロアリによって構造材が被害を受ければ、床や壁が傾いたり、床鳴りがしたりするなど、住宅の居住性は大きく低下します。

そればかりではありません。

家にとって最も大切な安全性も、損なわれる可能性があるのです。

内装部分や建具（戸・障子《しょうじ》・ふすまなど）と違って、構造材はリフォームしたり交換したりすることができません。

最悪の場合、家に住み続けられなくなってしまうのです。

水分の浸入を許さなければ、シロアリの被害は防ぐことができる

それでは、家をシロアリから家を守るためには、どうすればよいのでしょうか？

1つは、合成殺虫剤やホウ酸による防蟻《ぼうぎ》処理をすることです。

新築の際にはもちろん構造部材に防蟻処理をほどこしますが、防蟻処理に使われる一般的な合成殺虫剤の持続期間は最長でも5年間です。

つまり、**5年以内の再処理**を繰り返さなければなりません。

２０１０年代には、合成殺虫剤ではなく、ホウ酸による防蟻処理も登場しています。ホウ酸を利用することのメリットは、防蟻の持続期間が長く、人体により安全なことです。

ただし、家を建てた後では処理が難しいため、新築時の選択肢の１つと考えておいたほうがよいでしょう。

もう１つ大事なのが、家の内部に水を浸入させない、浸入したとしても速やかに排水することです。

なぜなら、シロアリはジメジメしたところが大好きだからです。

家をボロボロに食い荒らすシロアリを寄せつけないためには、建築部材への水分の浸入を見逃さず、早期に対処することが、何よりも重要です。

だからこそ、**水による家の腐敗対策を第一としたアンチエイジングリフォームが、シロアリから家を守るために重要**なのです。

家がいつまでも元気なら、あなたの体も健康になる

原因のわからない不調や病気は、家のせいかも？

充実した人生を送るために、何より大切なものが健康です。

その健康と家の過ごしやすさには、実は深いかかわりがあります。

ＮＨＫ放送文化研究所の２０１５年の調査によれば、働き盛りの世代の男性でも平日で平均11〜12時間、それ以外の世代や女性ではもっと多くの時間を家で過ごしています。

たとえば、主婦（夫）や高齢者などで仕事に就いていない人は、平日、週末を問わず、約20時間も家の中にいるのです。

アンチエイジングリフォームなどで、家を長く健康に保つことは、健康に暮らすことに大いに関係します。

たとえば、**家の雨水などが浸水し、家の木材などが湿ってくると、家の湿度があがりやすくなり、カビが発生**します。

カビが発生すると、それをエサとするダニが集まるのです。

これにより、鼻炎やぜんそく、肺炎のリスクが上昇します。

カビの胞子やダニのフン、死がいなどは、アレルギーやぜんそくの一因だと考えられています。

さらにいえば、温度ばかりに目がとらわれがちな**熱中症においても、湿度の高さが大きな要因となる**のです。

湿度が高いと、汗が蒸発しにくくなり、体温調整がしにくくなるといわれています。

ほかにも、住環境とそれによって起こる主な不調や病気には次のようなものがあるといわれており、これらはリフォームでリスクを軽減できる可能性があります。

・寒さ→血圧の上昇、風邪、気管支炎《きかんしえん》、肺炎

・暑さ→熱中症

・住宅内での気温差→ヒートショック（血圧の乱高下《らんこうげ》、心疾患《しんしっかん》、脳卒中《のうそっちゅう》）

・湿度の不適→熱中症、風邪、気管支炎

・結露《けつろ》→（カビ・ダニの発生により）シックハウス症候群《しょうこうぐん》（アレルギー）、鼻炎、胃腸炎、ぜんそく、肺炎

また、家のわずかな傾きが人間の平行感覚の狂いを生じさせ、頭痛、肩こりに影響するという指摘もあります。

健康を保ちやすい家とは、一言でいえば、それは「快適に長く住み続けられる健康な家」です。

つまり、さまざまなリフォームが、あなた自身のアンチエイジングにつながる可能性があるのです。

過ごしやすさを保つにも、アンチエイジングリフォームが必要

「快適に長く住み続けられる健康な家」は、そこに住む人の健康を保つのと同時に、過ごしやすさを提供してくれます。

なぜなら、温度や湿度が適切に保たれ、ヒートショックや結露が起きない室内環境は、誰にとっても快適なものだからです。

寒さを防ぐ上では外壁の内側にある断熱材、暑さや湿度を抑える上では外壁下部、内側から屋根に通じる通気システムが、重要な役割を果たしています。

何もメンテナンスをせずに、**外壁や屋根が劣化すれば、これらが十分に機能しなくなり、適切な温度・湿度が保たれず、家の中の居住性は低下してしまう**のです。

いつでも過ごしやすい家を保つためにも、アンチエイジングリフォームはやはり絶対に欠かせません。

「高齢引っ越し」「漂流老人」のリスクがなくなる

本当に家を手放して大丈夫？「高齢引っ越しのリスク」に注意

今や、「人生100年時代」といわれています。

つまり、住まいについても、100年生きることを見据えて、プランニングをしなければならない時代になったということです。

長持ちする家に住むメリットはたくさんありますが、「高齢引っ越しのリスク」がないこともその1つです。

たとえ売るつもりがなくても、**メンテナンスもリフォームもしなければ、建ててから早ければ10年で傷み始め、20年過ぎればボロボロ、30～40年ほどで家はいろいろなところに不具合が生じ、そのまま住み続けるのが難しく**なってしまいます。

「建て替えるのにはお金がかかるし、家を売って、どこか便利な場所に賃貸住宅を借りて暮らせばいいじゃないか」

と、考える人もいるかもしれません。

もし30歳前後で家を建て、30年間住んで、家を手放したとすると、このときに60歳前後です。

この場合、平均余命から考えると、男性で23年以上、女性で29年以上、賃貸住宅で過ごすことになります。

ずっと同じ賃貸住宅に住み続けられれば、運がいいといえるでしょう。

しかし、賃貸住宅の借主は、非常に不安定な立場であることを覚悟しておかなければなりません。

たとえば、**建物の老朽化など、家主の都合で立ち退きを求められる**こともあります。

そうなると、また引っ越しをしなければならないのです。

物件を探し、入居のための初期費用を支払い、業者に頼んで引っ越しをする。

そのとき、一体、何歳になっているでしょうか？

70歳？　ひょっとしたら、80歳で「そのとき」を迎えるかもしれません。

70歳や80歳で引っ越しをするなど、想像するだけでも、疲れてしまいます。

もちろん、お金の心配もしなければならないでしょう。


今の家に住み続ければ、こうした苦労は一切せずにすむのです。

ただし、そのためには、「長く住み続けられる家」を持つ必要があります。

家を使い捨てにしてしまうのは、あまりにももったいない話です。

家を大切にすることは、自分や家族の将来を大切にすることだと考え、家のリフォームをきちんと行っていれば、高齢引っ越しの心配もありません。

住むところがない！「漂流老人」のリスクを避けるには？

ある程度の年齢に達してから家を手放したときに生じるリスクは、ほかにもあります。

それは、「漂流老人」のリスクです。

お金があっても住むところがない高齢者の住宅難民は「**漂流老人**」といわれ、今、問題になっています。

「高齢引っ越し」で苦労したとしても、満足のいく住まいにすぐに入居できれば、まだ幸せだといえるでしょう。

そもそも、階段を上って部屋に行かなくてはならないところはダメ、大きな段差があるところはキツいなど、高齢者の部屋選びには、特有の条件がそれなりに加わってきます。

さらにいえば、高齢者は、健康状態や年齢などの理由から、賃貸住宅への入居を敬遠されることが少なくありません。

ましてや**一人暮らしともなると、家主が孤独死や重病、認知症の発症といった事態を心配して、賃貸契約を結ぶのが難しく**なりがちです。

また、一度は入居できても、更新時に間接的に退去を望まれることもありえます。

仲介業者や家主によっては、年齢や保証人がいないことを理由に、契約更新のできない定期借家契約を条件とするかもしれません。

住む家がなかなか見つからない。

住む家がないかもしれないという不安に苛《さいな》まれる。

結果的に、満足できない賃貸住宅に住まざるをえない。

「高齢引っ越し」は、こうした現実に直面します。

超高齢化社会を迎え、対策がとられる可能性もありますが、それでも街中などの人気エリアの物件を高齢者が借りにくい状況は続くかもしれません。

もちろん、**家を手放さなければ、「漂流老人」にならずにすむ**はずです。

そして、もし何の不具合もなく、快適に過ごせる家だったら、売ってしまおうなどとは考えないでしょう。

つまり、アンチエイジングリフォームをして「長く住み続けられる家」を持つことは、「人生100年時代」を安心して暮らすための重要な布石にもなるのです。

老後の生活ストレスがたまりにくい！持ち家で生き生きシニアライフ

持ち家が2つの住環境ストレス源をなくしていく

平穏な老後を送るためには、できるだけストレスを感じずに、過ごすことが何よりです。

そのためにも、私は長く持ち家に住むことをおすすめします。

住環境にまつわる老後のストレスは大きく2つあると考えます。

「環境ストレス」と、「生活ストレス」です。

「環境ストレス」とは、住む環境によって与えられるストレスです。

個人差はありますが、**年を取ってくると、どうしても新しい環境への対応が難しくなります**。

ご近所さん、普段から買い物に行く店、病院すべてが新しい。

もちろん、いつかは慣れるのかもしれませんが、なかなか時間がかかるものです。

最近ではご近所付き合いなどを気にしない人も増えていますが、まったく見知らぬ人とすれ違うのと、顔ぐらいは知っている人とすれ違うのとでは、それだけでもずいぶんと違いがあるはずです。

少なからずストレスがかかることは間違いありません。

引っ越さずにずっと同じところに暮らせば、ストレスは無用です。

自分に暮らしやすくカスタマイズできるのは持ち家だけ

もう1つ、年をとったときに関係する住環境のストレスが「生活ストレス」です。

認知能力や運動能力の低下によって、何気ない日常生活を送るだけでも、ストレスがたまりやすくなります。

ちょっとした段差につまずいたり、目測を誤ったりしてドアに足をぶつけたりすることが多くなるのです。

そして、ストレスがたまるだけでなく、こける、ぶつけるだけで骨が折れ、そのまま寝たきりになってしまう危険性もあります。

慣れた部屋ではそうした事故は起こりにくく、特に新しい部屋で起こりがちです。

また、トイレの便座から立ち上がるのも、ひと苦労になります。

持ち家であれば、手すりをつけるなどして、立ち上がりやすくするといった、バリアフリーリフォームをすることも可能ですが、賃貸では勝手にリフォームをするわけにもいきません。

家主に相談をしなければならず、リフォームできないこともあるでしょう。

自分の状態に合わせて、「生活ストレス」を感じないように、リフォームで家をカスタマイズできるのは、持ち家の魅力です。

それは、持ち家に住み続けた人のみが送れる「ストレスレス」な生活なのです。

きれいな家を最愛の伴侶へ最後のプレゼント！死後の憂いが1つ解消する

相続法改正で、夫の死後も妻が家に住み続けやすくなる

2018（平成30）年に、相続法が約40年ぶりに大きく改正されたのをご存じでしょうか？

そこで、家の相続に関しても、大きな改正がありました。

それが、「配偶者居住権《はいぐうしゃきょじゅうけん》の創設」です。

簡単にいえば、**住んでいた家に、配偶者がそのまま住み続けやすくなった**のです。

「配偶者居住権」とは、配偶者が相続開始時に被相続人が所有する建物に住んでいた場合に、終身または一定期間、その建物を無償《むしょう》で使用することができる権利です。

建物についての権利を「負担付所有権」と「配偶者居住権」に分け、遺産分割の際などに、配偶者が「配偶者居住権」を取得し、子どもなどの配偶者以外の相続人が「負担付所有権」を取得することができます。

今までは、特別な遺言書《ゆいごんしょ》がない限り、財産は配偶者と子どもたちで半分ずつ分ける決まりになっていました。

持ち家もその時点での資産価値の分、財産の1つとして相続されるのですが、不動産の価値が高い家を配偶者が相続すると、預貯金などそのほかの財産の取り分が大幅に減少してしまうことがありました。

つまり、家はあっても、お金がない状態です。

そこで、十分な生活費を確保するために、それまで住んでいた家を泣く泣く手放し、預貯金などをより多く相続するという選択をする。

極端な言い方をすれば、家かお金かの二者択一を迫られていたのです。

しかし、建物についての権利を「負担付所有権」と「配偶者居住権」に分けることで、配偶者が相続する財産の評価額が抑えられるため、その分、**預貯金などほかの財産もより多く相続できる**ようになりました。

配偶者居住権で家が引き継ぎやすくなる

・相続人が妻と子で遺産が持ち家2000万円
・預貯金が3000万円だった場合
・妻と子の相続分=1:1(妻2500万円・子2500万円)

これまでは家を妻が引き継ごうとすると

遺産
家　2000万円
預貯金　3000万円

妻
家　2000万円
預貯金　500万円
生活費が不安

子
預貯金　2500万円

これからは

遺産
家　2000万円
→配偶者居住権　1000万円
→負担付所有権　1000万円
預貯金　3000万円（1500万円／1500万円）

妻
配偶者居住権　1000万円
預貯金　**1500**万円
生活費がたっぷり

子
負担付所有権　1000万円
預貯金　1500万円

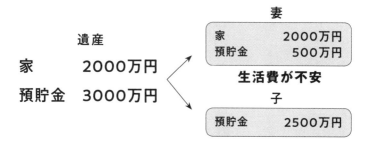

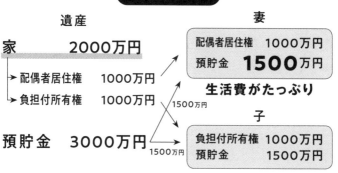

つまり、**妻は生活費も確保しやすくなり、夫が亡くなった後も自宅に住み続けられる環境が整った**のです。

夫にとっても、自分に万一のことがあった場合に、妻がそのまま家に住み続けられることがわかっていれば、心安らかにいられます。

ただし「配偶者居住権」は、完全な所有権とは異なるので、家を人に売ったり、自由に貸したりすることはできません。

詳しいことは、相続関連の専門家にお聞きすることをおすすめします。

長年住み慣れた家が、万一のときの助けになってくれる

夫に万一のことがあったときに、妻がそのまま家に住み続けられることのメリットははかりしれません。

前述したように「高齢引っ越しリスク」や「漂流老人」の心配がなくなります。

ずっと住み続けている家であればこそ、家事をするにも休むにも、妻にとって快適

な環境が整えられているでしょう。

その周囲の環境についても、お店や病院、役所などが街のどこにあるかを十分に承知しているため、生活に不便はありません。

友人・知人も周りに多く、いざというときには所属しているコミュニティを頼りにすることもできます。


夫婦がともに若く、健在なとき、一番頼りになるのはもちろんお互いの存在です。

しかし、夫婦のどちらかに何かがあれば、「長く住み続けられる家」がさまざまな面で大きな助けになってくれます。

もっとも、**相続法の改正を最大限に活用しようにも、それ以前に家が住めなくなるほど壊れたり、住みたくなくなって手放したりしたら、どうしようもありません。**

最愛の伴侶への最後のプレゼントとするためにも、メンテナンスはもちろん、ときには伴侶に喜ばれるリフォームなどもして、「長く住み続けられる家」をきちんと保っておくようにしましょう。

きちんとメンテナンスされた家の資産価値が高まる可能性が！

中古の持ち家に対する国の方針が変わってきた

一軒家は、25年で建物の資産価値がなくなるといわれてきました。

そのため、いくら直したところでお金の無駄《むだ》と考える人は少なくありません。

日本では、長い間、中古木造住宅の評価額の算定方法は経年原価方式が基本でした。

どういうことかというと、メンテナンスをしている、していないにかかわらず、新築から20~25年たった家の価値はゼロとみなされ、土地の評価額しか算定されなかったのです。

しかし、2014（平成26）年3月、国土交通省から **「中古戸建て住宅に係る建物評価の改善に向けた指針」** が出されて、**それまで不動産流通業界で慣行となっていた経年原価方式による建物評価をあらためよう** ということになりました。

そこで新たに提案されたのが、それぞれの家の品質・性能に基づいて建物の価値を算定する評価方法への転換です。

これからは、きちんと補修、メンテナンスをしている家は品質や性能が保たれているると認められ、新築から年数が経過していても高く評価されるようになる可能性があります。

現時点では、まだ価格の基準は設定されておらず、メンテナンスをしっかりとした中古住宅の価値が目立って高くなるところまではいたっていません。

ただ、これから変わっていく可能性はあり、事実、今、リノベーションした中古一軒家の需要は高まっています。

いくらリノベーションをするとはいえ、**家の構造部分がしっかりしていない家は売れません。**

今後、価値を高めるためにも、売れる可能性を高めるためにも、アンチエイジングリフォームで家の構造部分をしっかりと守っておくことが大切です。

「いい家」に住み続けることが立派な社会貢献になる

誰かが住みたくなる家なら、放置された空き家にしなくてすむ

10年ほど前から、ニュースなどでも「空き家問題」がたびたび取り上げられるようになりました。

少子高齢化と人口減少が進む一方、新設住宅着工戸数はほとんど減っていない日本では、起こるべくして起きた問題ともいえますが、解決に有効な手段がないわけではありません。

それは、**「長く住み続けられる家」を増やす**ことです。

２０１８年には、総住宅数６２４２万戸に対して空き家は８４６万戸、総住宅数に占める空き家の割合（空き家率）は13・6％と、過去最高になっています。

最大の問題は、その空き家の多くが放置されていることです。

放置された空き家は、大きく分けて、次のような３つの問題を引き起こします。

・資産価値が下落する
・周囲への悪影響やトラブルが生じやすくなる
・住宅用地特例の適用除外、行政による強制解体の対象となる

このうち、住宅用地特例の適用除外、行政による強制解体については、家の持ち主が判断すればよいのですが、話が周囲への悪影響やトラブルなどに及ぶと、そういってもいられません。

なぜなら、**空き家を放置するという行為が、周辺住民や地域、自治体などに大きなダメージを与えかねない**からです。

放置された空き家は、庭木や雑草が生い茂って、美観を損ねます。

また、不衛生な環境から、悪臭が発生することもあります。

そのほかにも、害虫・害獣のすみかになったり、老朽化して屋根や外壁などの建材が落下したりするなど、問題は絶えません。

不法侵入、不法占拠《せんきょ》、放火などの犯罪を誘発しやすい点でも、空き家は周辺住民の悩みの種となっています。

さらに、こうした数多くの問題は、その空き家1軒だけでなく、周辺の家や地域全体の資産価値まで下落させてしまいます。

空き家が放置されるのは、そこに誰も住んでいないからです。

誰かが「住みたい」「住んでもいいな」と感じられる家なら、売ることも、貸すこともできるので、空き家として放置される可能性は低くなります。

「長く住み続けられる家」にしておけば、たとえ自分が住めなくなっても、誰かがその価値を認め、そこに住み続けてくれるのです。

「長く住み続けられる家」が地域のコミュニティや景観を守る

「空き家問題」以外でも、「長く住み続けられる家」は、社会によい影響を与えます。

もし家に住み続けられなくなってしまったら?

場合によっては、違う土地に移るほかなく、コミュニティから離れざるをえないでしょう。

そうした人が増えるにつれ、コミュニティの規模はどんどん小さくなって、活気も失われ、結果的に地域や村、町は消えてしまいます。

「長く住み続けられる家」は、コミュニティを維持する上でも、大きな役割を果たすことができるのです。

さらに、「長く住み続けられる家」は、利用価値が高く、建物の保存状態もよいので、取り壊されず、長く存在し続けます。

そのため、**「長く住み続けられる家」が増えることで、街並みや景観が保存されやすくなり、地域文化の継承《けいしょう》**にも貢献します。

「いい家」に長く住み続けることは、自分自身や家族の幸せにつながるばかりでなく、世の中のためにもなるのです。

第1章のまとめ

家を長持ちさせるとメリットがたくさん

・家に住み続けることで、引っ越し知らず、家賃知らず。老後資金もたまるし、住む場所にも困らない

・きれいな家だと気持ちいいし、人も集まり、幸福度がアップ

・家を長持ちさせるために、湿気を制御で丈夫に。シロアリ、災害による、家の崩壊リスクを軽減。健康にも◎

・空き家問題の解消など社会的な意義もある

第２章

あなたの大切な家を守る
アンチエイジングリフォームとは

外壁と屋根の補修が家のアンチエイジングのカギ

外壁と屋根が、家の大敵、雨水から家を守る

家を長持ちさせるアンチエイジングリフォームのメリットについてこれまで話してきましたが、ここではアンチエイジングリフォームがどういうものかを説明していきます。

アンチエイジングリフォームは、家を長持ちさせるために不可欠な、外壁と屋根を中心としたリフォームです。

最低でも外壁と屋根のメンテナンスをしておけば、なんとかなります。

繰り返しますが、家にとっての最大の敵は水分です。

つまり、**「長く住み続けられる家」として保つことは、すなわち、水分から家を守ること**といっても過言ではありません。

雨水、生活用水、結露という、家にかかわる水分のうち、量が圧倒的に多く、家に与える影響も大きいのが雨水です。

日本語にも「雨露《あめつゆ》をしのぐ」という言葉がありますが、人類が家を建てて暮らし始めたのは、雨から体や財産を守ることも大きな理由の1つでしょう。

そして、そのときから、人類と雨漏りの付き合いが始まりました。

科学技術・防水技術が発達した現代でも、雨漏りはなくなっていません。

住宅瑕疵《かし》担保責任保険法人によると、**新築時の欠陥によって起きた事故のうち、なんと90％以上が雨漏りにかかわるもの**だと報告されています。

これほど技術が発達した今でも、なぜ雨漏りが起きるのでしょうか？

雨水から家を守っているのは、外壁、屋根、床下といった部位です。

なかでも、風雨に直接さらされる外壁と屋根は、特に大きな役割を果たしています。

これらの部位の設計ミス、施工不良、そして時間の経過による劣化（経年劣化）が、雨漏りの主な原因です。

新築時の設計ミス、施工不良に関しては、現在は住宅の引き渡しから10年間の瑕疵保証責任が義務づけられているため、施工業者が補修を行います。

一方、経年劣化による雨漏りについては、家主が判断、対応するほかありません。

といっても、経年劣化に備えて、あらかじめメンテナンス計画を立てておこうという、用意周到な人はなかなかいないものです。

多くの場合、雨漏りなどのトラブルが発生してから、あわてて業者に補修を依頼することになります。

こうしたときに、柱やはり、土台などの構造材にまで水分が浸入していなければ問題はありませんが、万一浸入していたら、家の寿命を縮めることにつながります。

そうなると、雨漏りが起きてからではなく、起きる前に外壁や屋根の劣化をいち早く発見し、補修などの対策をとるのが、やはり最善策といえるでしょう。

外壁と屋根は、家の大敵、雨水を防ぐ役割を担う、とても重要な部位です。

ここを健全に保てるかどうかが、「長く住み続けられる家」を持てるかどうかの、大きな分かれ道なのです。

あなたの家は大丈夫？
リフォームが
今すぐ必要な外壁とは？

触って白い粉がついたら、外壁補修のタイミング

家を長持ちさせるためには、外壁と屋根のリフォームを、専門の会社に頼むことになります。

まずは、家への雨水浸入事故が最も多く起きている外壁のリフォームについて、どのようなことを行うのかを簡単に説明します。

その劣化状況にもよりますが、窓サッシ周りの外壁とのとり合い（重なっている）部分のシーリングと呼ばれている箇所や壁のひび割れの補修などに加え、外壁の塗り替えが主な内容です。

見た目をきれいにするのももちろんですが、**塗装の塗膜《とまく》（塗料が乾いて固まって膜状になったもの）には、雨や紫外線から建物を守る**ための重要な役割があります。

塗装がはがれてくると、雨水は外壁材から中へと染み込んでいき、それによって木材が腐り、家が劣化していくのです。

だからこそ、外壁の塗り替えは、家のアンチエイジングに、非常に大切な意味を持ちます。

しかも、長く住むのであれば、1回で終わりというわけにはいきません。

なぜなら、外壁と屋根は、建築部位の中でも特に日射や風雨などの影響を強く受けるため、時間の経過とともに劣化しやすいからです。

そのため、何度かのリフォームが必要になります。

外壁は、建築部材によって、リフォームのタイミングも方法も変わってきます。

外壁の建築部材、いわゆる「外壁材」は、大きく2つに分けられます。

1つは、水を使わずに施工できる「乾式材料」です。

代表的なものが、サイディングです。

今の**新築木造住宅の9割で、このサイディング**が使われています。

もう1つは、水などを混ぜ、それが乾かないうちに施工する「湿式材料」で、モルタルやコンクリート、伝統的な左官材料などが該当します。

あなたの家の外壁はどっち？

サイディング

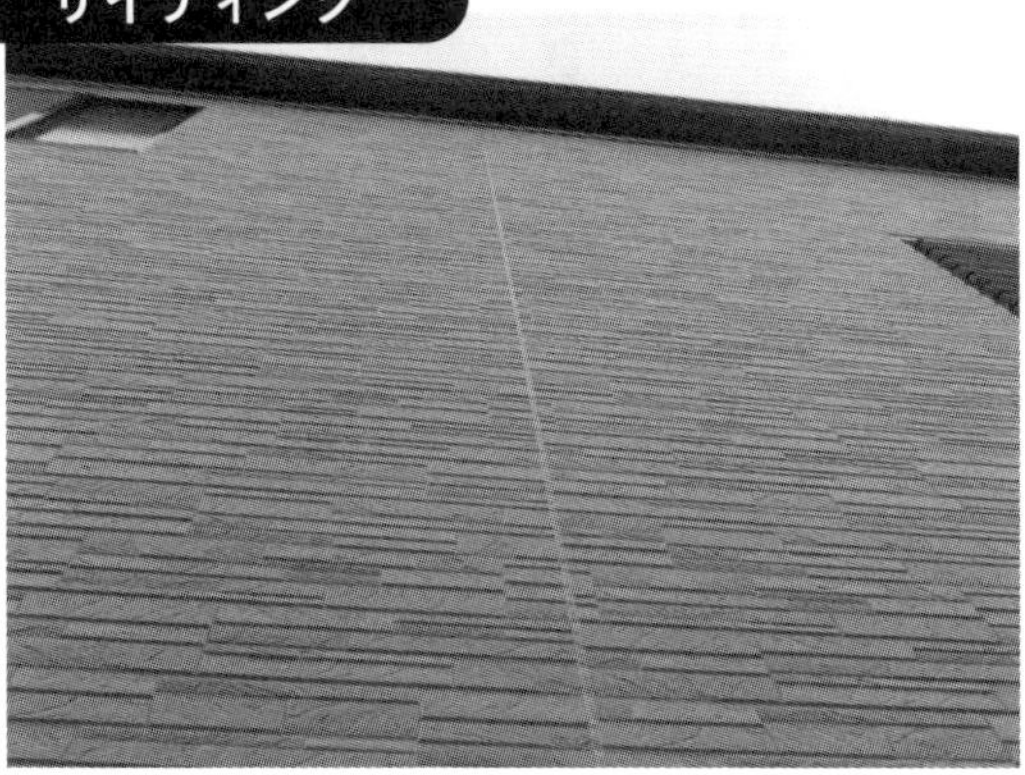

モルタル

ご自宅の外壁には、どちらの材料が使われていますか？

次のページに、乾式材料、湿式材料でそれぞれ最も使われることが多い窯業《ようぎょう》系サイディング、モルタル塗りを例として、劣化の進み方の傾向を表にまとめました。

レベル1～2の段階では、美観を損ねるものの、壁としての機能、性能にまだ問題はありません。

早ければ新築から5年以内に、この状態まで劣化します。


試しに、**ご自宅の外壁の表面を触ってみてください**。

もし手に白い粉がつくようなら要注意、劣化はレベル3の状態まで進んでいます。

この白い粉は、防水や美装のための塗料が、雨水や日光の紫外線によって劣化し、粉状に分解されたものです。

新築または前の補修から10年ほどでこうした兆候《ちょうこう》が現れますが、そのまま放置すれば、水分が外壁材に直接触れて吸収されたり、日射を受けた水分が熱とともに湿気として内部に浸入したりして、壁の下地や構造材を傷めることもあります。

外壁に生じる経年劣化の症状

劣化レベル	窯業系サイディング（乾式外壁材）	モルタル塗り（湿式外壁材）	目安の年数
1	表面のカビや藻による汚損	汚損	5年
2	変退色	変退色・光沢度低下 細かいひび割れ	7〜8年
3	塗膜のチョーキング（白亜化）	チョーキング（白亜化）	10年
4	表面塗膜のひび割れ、基材の割れ	膨れ・ひび割れ・はがれ	20年

この段階になれば、年数に関係なく、塗り替えなどのメンテナンスを考え始める1つのきっかけにしてください。

レベル4まで劣化が進んだ場合には、塗膜がひび割れて、サイディングの基材やモルタル本体が水分を吸ってしまいます。

そして、水分を吸う、乾くというサイクルを繰り返すうちに、サイディングの基材は割れ、モルタル部分にはひびが入るのです。

こうなると、塗り替えるだけでは対応できず、より大がかりな補修が必要になる可能性が高くなります。

今、家の外壁を見てください。レベル3以上の症状があれば、今すぐにでもリフォームを検討したほうがよいでしょう。

最長30年リフォーム不要の外壁も！
種類によってメンテナンス時期が変わる

最新の外壁材が、メンテナンス計画をより自由に

サイディングボードともいわれるサイディング材には、さまざまな種類があります。

サイディングボードの中で、約8割の圧倒的なシェアを占めているのが、セメントと繊維質系原料を混合してつくられた窯業系サイディング材です。

そのほかにも、金属系、樹脂系などのサイディング材がありますが、塗り替えまでの期間はどれも10年前後とされていました。

ところが、今では、30年間塗り替えの必要がない窯業系サイディング材も登場しています。

実は、これは、とても画期的なことです。

新築から少なくとも2回、場合によっては3回以上必要だった補修・メンテナンスが、たった1回ですむ可能性があります。

たとえば、35歳で建てた家の外壁が30年間塗り替えの必要がないサイディングだった場合には、最初の塗り替えの時期を65歳前後で迎えます。

このときに、塗り替えではなく、同じサイディングに張り替えれば、95歳まで塗装がもつ計算になり、一度のメンテナンスで100年時代の人生をほぼフォローできるのです。

あるいは、もともとのサイディングが30年間もつものでなくても、**60〜70代のときに30年間塗り替えの必要がないサイディングに張り替えれば、それ以降は外壁のメンテナンスのことは考えずにすむ**でしょう。

もちろん、30年間塗り替えの必要がないサイディングに張り替えることが、誰にとってもベストの選択とは限りません。

ただ、このサイディングの登場によって、ライフプランや予算に応じた選択の幅が広がったことは確かです。

ぜひ施工業者に問い合わせてみてください。

何度塗り替えても すぐはがれ落ちる外壁。 原因はどこに？

基材の中の水分が、はがれ、膨らみを引き起こす

「外壁を塗り替えて3年もたってないのに、塗料がはがれてきてしまった。やむをえず、またすぐに塗り替えたら、今度は2年ももたなかった。もう、どうすればいいのかわからない……」

そんなお悩みの相談を受けることがよくあります。

そこでまず疑われるのが、**サイディングの基材が水分を吸ってしまっている**ということです。

基材が水を吸ったサイディングの表面を何度塗り替えても、塗膜はすぐにはがれ落ちてしまいます。

外壁の塗膜のはがれ、膨《ふく》らみのほとんどは、水分によって引き起こされるのです。

それに気づかず、何度も塗り替えをするのは、ある意味では施工不良といえます。

ただ、施工した業者が手抜きやインチキをしたとは限りません。

その業者の外壁塗装の知識、技術、経験が不足しているだけかもしれないのです。


もちろん、サイディング表面の水分については、ほとんどの施工業者が外壁を塗り替える前にしっかり除去しているはずです。

しかし、それだけでは十分ではありません。

本来は、塗膜の下のサイディングの基材、さらにその奥の構造材まで、水分を吸収していないかどうかをチェックする必要があります。

なぜなら、**サイディングの基材や構造材が水分を吸収していると、塗装後にその水分が蒸発しながら塗膜を押し上げ、はがれや膨らみを起こしてしまう**からです。

こうなると、いくら塗り替えても無駄です。


こうしたケースでは、すぐに塗り替えにとりかかることはおすすめできません。

サイディングの基材や構造材の中に水分を残したまま塗り替えても、またすぐに外壁にはがれや膨らみが生じてしまうからです。

「外壁を何度塗り替えても、すぐにはがれ落ちてしまう……」

というお悩みは、まさにこの状態で塗り替えを繰り返しているのが理由だと考えられます。

塗り替えができないサイディングもある

水分以外にも、外壁の塗膜のはがれ、膨らみの原因はあります。

それは、塗料選びの失敗です。

「塗り替えをして1年もたっていないのに、外壁の表面がはがれてきてしまったので、調べてほしい」

と相談を受けたことがあります。

そこで、相談に来られた方の家を訪ねて、サイディングの基材をチェックしたところろ、基材は水分を含んでおらず、異常はありません。

さらによく調べてみると、**サイディングに合わない塗料で塗り替え**をしていることがわかりました。

サイディングの材料は、実にさまざまです。

最もよく使われている窯業系サイディング1つをとっても、原材料、セメントの反応系、製造方法、テクスチャーの付け方、塗料、塗装方法などはそれぞれ異なっています。

それらの**特徴や塗料との相性を知らずに塗り替えを行うと、短期間で塗膜のはがれや膨らみなどが起きてしまう**ことがあるのです。

たとえば、光触媒《ひかりしょくばい》、無機系、フッ素系、ナノ親水などで塗装されたサイディングは、一般的に塗料が付着しにくいといわれています。

また、トップクリアー塗装されているサイディングには、塗り替えができないものや、塗り替えの必要がないものもあります。

少し話が難しくなりましたね。

結論としては、このような失敗を避けるためには、どの塗料を使うのか、その塗料で問題がないかを業者に確認することをおすすめします。

もし、聞いても詳しく説明してもらえないようでしたら、その業者は、念のためやめておいたほうがいいかもしれません。

張り替えは「住み続けられる家」の維持に効果的

塗り替えができない場合には、張り替えを行うことになります。

張り替えは、モルタルやサイディングなどの外壁材をはがして、あらためて下地から補修する方法です。

劣化した断熱材や防水シート、下地木材などを取り替え、新しい外壁材を張り替えます。

補修費用は塗り替えの数倍かかるものの、**下地から建築部材が新しくなるため、「長く住み続けられる家」を維持する上でも、とても効果的**です。

また、筋かい（柱と柱の間に入れる補強材）の金物の交換や、場合によっては筋かいを追加することなどもできるので、耐震性の向上にもつながります。

塗り替えがいいのか、張り替えがいいのか、その基準に関しては、また後ほど紹介します。

まずは、外壁のリフォーム方法に、その2つがあることだけでも覚えておいてください。

リフォームが無駄に!?
「家の2000年問題」に
要注意!

家の劣化を早めるサイディングの直張りに注意！

まず、皆さん、次ページのチェックリストをやってください。

もし、**このチェック表に当てはまるならば、家を長持ちさせるためにも、なるべく早いうちに、信頼できる専門工事会社に診断やメンテナンスを依頼することをおすすめします。**

なぜなら、「家の2000問題」の心配があるからです。

2000年以前に外壁にサイディングを使っている家は、サイディングの基材、さらにその奥の構造材にまでダメージが蓄積しやすい「直張《じかば》り工法」で施工されている可能性が高いからです。

2000年以前と、2000年以後で、何がそれほど違うのか？

両者を分けるのは、2000（平成12）年4月に施行された「住宅の品質確保の促進等に関する法律」、いわゆる「住宅品確法」に準じているかどうかです。

あなたの家は大丈夫?

「家の2000年問題」チェックリスト

2005年までに
外壁がサイディングの家を建てた
なおかつ

☑チェック

- □ 塗り替えて2.3年で塗装がはがれる
- □ 塗膜が浮き上がっている
- □ サイディング自体が膨れている
- □ 土台と外壁の間に定規《じょうぎ》を入れて18mm未満しか入らない

▼

以上のうち
1つでも当てはまる人は
すぐ検査を!!

住宅品確法では、「劣化軽減措置」の1つとして、構造材と外壁材の間の空気を流通させる「外壁通気構法（通気構法）」の仕様が評価基準に規定されました。

また、現在の住宅保証制度においても、外壁をサイディングにする場合には、通気構法で施工することが保証条件となっています。

しかし、**住宅品確法が施行される2000年以前には、ほとんどの家の外壁は、外壁通気構法ではなく、「直張り工法」が採用されている**のです。

しかも、住宅品確法では評価基準に従わなくても罰則などは設けられていなかったため、実際には2004〜2005年ごろまで、一部では直張りの施工が続いていました。

現在、外壁にサイディングを採用している住宅は、日本全国で2000万戸ほどあるといわれています。

残念ながら、そのうちの3分の2程度が、サイディングを直張りで施工していると考えられるのです。

通気構法なら、雨水も家の中の湿気も排出可能

この2つの工法の大きな違いは、通気性です。

「外壁通気構法」では、次ページの図のように、胴縁《どうぶち》と呼ばれる材料で、構造材（柱など、建物を支える骨組みにあたる部分に使われる材料）と外壁材の間に空気が流れる層（通気層）をつくり、その最下部の換気口から空気を取り入れ、軒裏や棟換気《むねかんき》（屋根の頂部にある換気のための部材）から排出します。

また、サイディングと構造材の間には、水は通さず湿気だけを通し家の中の湿気を放出する透湿《とうしつ》防水シートを、構造材の外側に張りつけています。

その、透湿防水シートを通って出た湿気も、通気構法であれば、軒裏や棟換気から排出されるのです。

直張り工法だと湿気が逃げない

通気構法

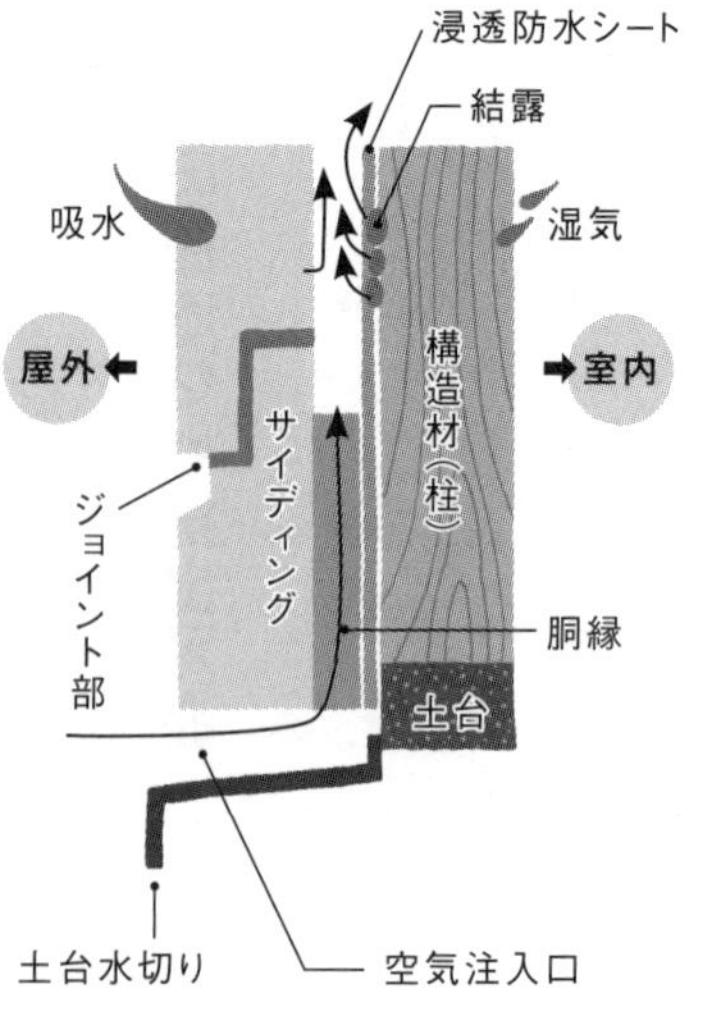

胴縁があり
通気層による乾燥・排水が
行われるので、
柱が傷みにくい

直張り工法

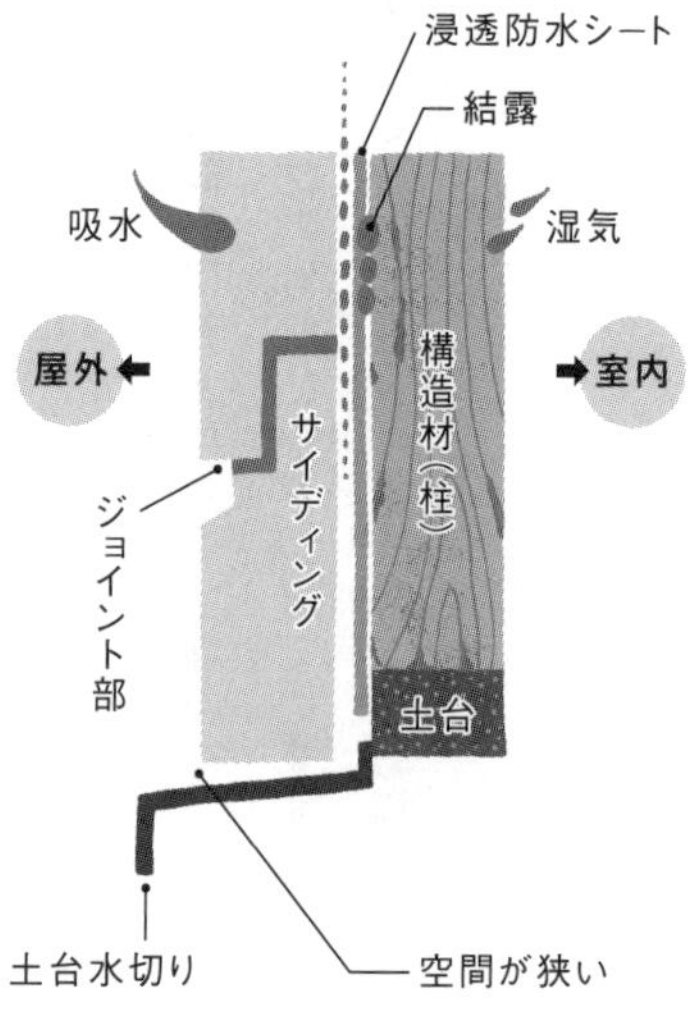

胴縁がないため
乾燥・排水できないので、
湿気がたまり、
柱が傷む

まとめると、通気構法には、次のようなメリットがあります。

・サイディングのすき間などから浸入した雨水を構造材まで届かせず、屋外に排出する
・家の中で発生した湿気を構造材の外まで排出することで、構造材の乾燥を保ち、結露を防ぐ
・通気層の遮熱《しゃねつ》効果によって、外気温の影響を受けにくくなり、省エネになる

直張りで施工した外壁は、ぴったりと構造材にくっついています。

空気の流れる層がありません。

そのため、サイディングのすき間から浸入した雨水や、家の中から排出された湿気がサイディングの裏側と構造材の間にとどまり、サイディングの基材ばかりでなく、構造材まで劣化させてしまうこともあるのです。

下の写真を見てください。

直張り工法の外壁をはがしたものです。

構造材として使われていた構造用合板や柱などが腐っています。

こうなると、家の耐久性もかなり落ちていますし、大がかりなメンテナンスが必要です。

そして、サイディングが湿っていると、前項でも話したとおりいくら塗り替えても、すぐに塗膜がはがれてしまう可能性があります。

無駄なリフォーム費用をかけてしまうことにもなります。

外壁のアンチエイジングに最適なのは塗り替え？それとも、張り替え？

第2章
あなたの大切な家を守るアンチエイジングリフォームとは

劣化しているのが外壁の表面だけなら塗り替えでＯＫ

外壁のメンテナンスに最適なのは、塗り替えか？　それとも張り替えか？

簡単にいえば、外壁の表面だけが劣化している場合には塗り替え、それ以外の部材まで劣化している場合には張り替えが最適なメンテナンスの方法となります。

それ以外の部材まで劣化している場合というのは、主に次の5つのケースです。

・サイディングの基材、または表面の塗膜の状態が悪く水を多く含んでいる
・胴縁、柱、筋かい、土台などの下地木材が腐っている
・断熱材がぬれていたり、すき間があったりする
・外壁や屋根、バルコニーから雨漏りをしている
・直張りで施工されている

この状態になったら、塗り替えをしても、サイディングの性能は戻らず、塗膜もはがれやすくなってしまいます。

こうしたケースに当てはまるときには、塗り替えはおすすめできません。

施工後、短期間で問題が発生する可能性が高く、結果的に補修を繰り返さなければならなくなってしまいます。

そのぶん、補修の費用も余計にかかります。

しかも、外壁の基材や下地木材、断熱材の劣化は放置されるので、家の寿命も縮まるのです。

外壁のメンテナンスは塗装だけと考えず、張り替えも視野に入れながら、検討することが大切です。

まずは、**次ページの写真のような状態になっていないか、確認**してください。

塗膜がはがれたり、膨れ上がったりしています。

こうなっていたら張り替えを!!

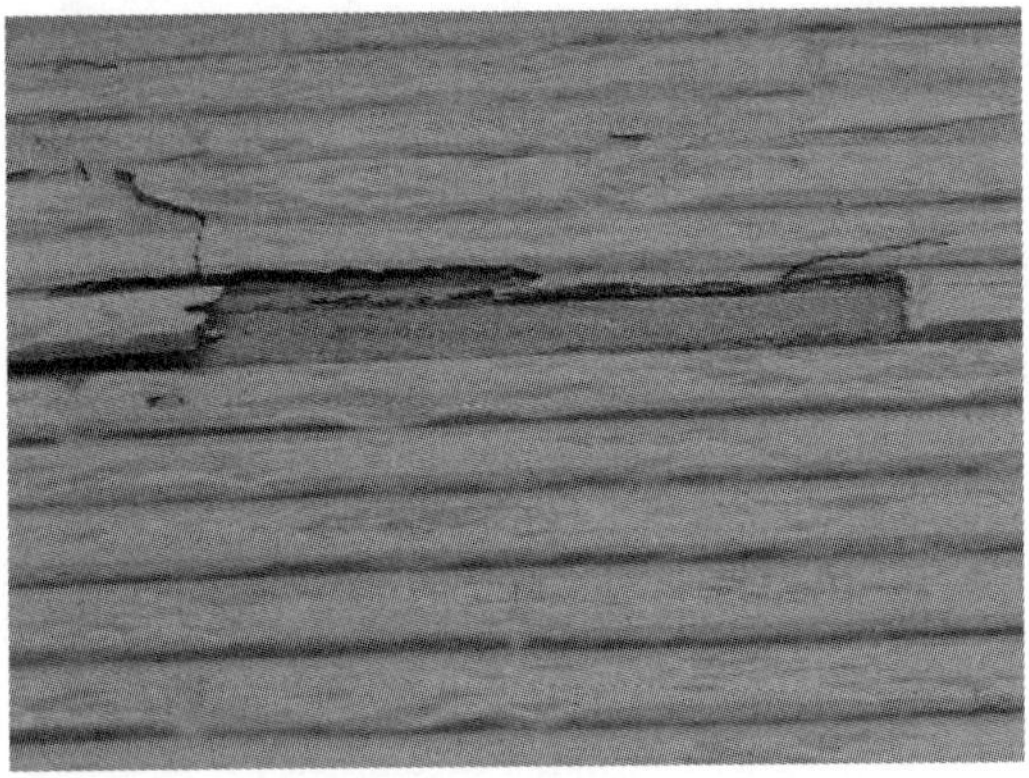

塗装がはがれて、ひび割れを起こしている

塗膜が浮き上がって表面がボコボコに

このような状態であれば、張り替えが必要になる可能性があります。

また、**透湿防水紙が劣化している可能性があるので、築20年経ったら、張り替えを考えたほうがいい**かもしれません。

不安なようでしたら、業者に頼んで見てもらうのがよいでしょう。

ただ、知識がない業者だと、それでも塗ってしまう可能性があります。

もしも塗ると判断された場合は必ず根拠を出してもらってください。

本来であれば、はがし検査という外壁の一部をはがして検査する方法や、サーモグラフィーなどを用いて、調べる必要があります。

「職人のカン」とか、「長年見てきてわかるんです」というのは、この件に関してだけは、信用しないほうがいいでしょう。

屋根も塗り替えと張り替えでアンチエイジング！

塗膜、屋根材、防水紙の三重構造で雨水を防ぐ

屋根もまた、外壁同様に雨水や日射を直に受けとめるため、劣化が特に速く進む部位です。

よく使われる屋根材には、次のようなものがあります。

・スレートぶき（コロニアル）
・金属板ぶき（ガルバリウム鋼板など）
・粘土《ねんど》瓦《がわら》ぶき
・アスファルトシングルぶき

屋根のアンチエイジングリフォームも、外壁と同じで、塗り替えと張り替え（ふき替え）で行います。

ただ、**素材によってリフォーム法とメンテナンスの時期の目安が変わってきます。**

自分の家の屋根が何なのかは、新築時におそらくもらっている仕様書の中に書いてあります。見当たらないようでしたら、業者に一度尋ねてみましょう。

リフォーム法は次のようなものになります。

スレートぶきは、10～15年で塗り替えをメインで行うとよいでしょう。

金属板ぶきは、15年前後が塗り替えの時期だといわれています。

粘土瓦ぶきは、塗れないので、張り替えがメインになります。

災害などで、壊れたり落ちたりしない限り、35年はもつといわれています。

アスファルトシングルぶきも張り替えでおおよそ30年が目安といわれています。

これは、あくまでも目安です。

具体的には、以下のような症状が出ていたら、業者に相談してみてください。

- 雨漏りがしている
- 塗装がはがれたりこけや藻、カビが発生したりしている

・瓦がずれていたり、落ちたり、割れたりしている
・軒（屋根が外壁や玄関などから出ているところ）裏にシミがある
・くぎが浮いていたり、ひどくさびついていたりする

屋根を確認するには、屋根が見える場所から双眼鏡でのぞくしか方法はありません。

2階の窓から確認することができる、**1階部分に屋根（下屋根）がある場合は、その状況も、1つの目安**になります。

下屋根で劣化が確認できる場合、2階部分の屋根でも同様の劣化が起きている可能性が非常に高いです。

また、外壁と同じように、屋根も防水紙を張っていて、これも雨水と紫外線によって劣化するため、永久には持ちません。

防水紙が傷んでしまうと、何をしても意味がありません。

そのため、20年を目安として、屋根をはがして防水紙の点検をしてもらうのがよいでしょう。

第2章のまとめ

外壁と屋根のリフォームが家のアンチエイジングに欠かせない

・雨水から家を守るための外壁と屋根のリフォームが、家のアンチエイジングには大切

・外壁のアンチエイジングリフォームは、塗り替えか張り替え
外壁の状況によって使いわける

・2005年までにサイディング材で建てた家は、要注意

・屋根は、素材によってリフォーム方法や年数が異なる

第3章

世界一かんたんなリフォームプランの立て方

家のアンチエイジングのために、あなたが今すぐできること

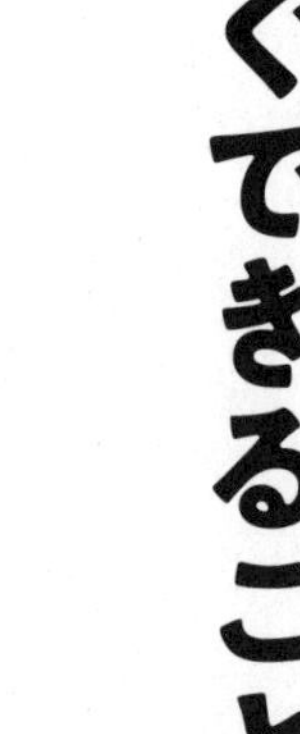

あなたの家の状態を確認しよう

さて、いよいよ家のアンチエイジングのために何をどうすればいいのかという具体的な話をしていきます。

実際の張り替えや塗り替えは、業者に頼むしかありませんが、日ごろから自分たちで気にしてほしいことが以下の3つです。

・換気を心がける
・壁の周りには、物を置かない
・家のチェックを怠らない

これまで述べてきたように、家の最大の敵は、湿気です。
なるべく頻繁《ひんぱん》に換気を行うのがいいでしょう。

1時間に10分換気を行うよりも、5分を2回する方が効果的だと言われています。

また、空気の流れを意識して窓を開けることも大切です。

窓を開けたら、できるだけ遠くの窓から空気が逃げるようにもう1つ窓や部屋のドアを開けましょう。

台所の換気扇を回すのも効果的です。


よく外壁のそばに、物置きなどを置いている方がいますが、できれば、外壁の周りは何も置かないほうがいいでしょう。**物を置いたところに風や太陽があたらず、湿気がたまりやすくなってしまう**からです。

家の異変に早く気づくことは何よりも大切です。

次が家のチェックポイントです。

このポイントを常日ごろから気にかけ、どれか1つでも当てはまるようでしたら、すぐに業者に相談するようにしてください。

持ち家の
チェックポイント

☑チェック

- □ 家の中がしけった臭いがする
- □ 家の中が時々カビ臭い
- □ 壁紙や天井に
  雨漏りのようなシミやカビがある
- □ 実際に雨漏りがある
- □ 屋根や外装にはがれや
  ひび割れなどがある
- □ シーリングが切れている(割れている)

▼

どれか
1つでも当てはまっていると
要注意です

しっかりリフォームを実現するには、**綿密な計画が必要**

時期に合わせてメンテナンス

さて、業者に家を長持ちさせるためのアンチエイジングリフォームを頼む場合も具体的にいつどう進めていけばいいのか、そのプランをお教えします。

アンチエイジングリフォームには、２つのパターンがあります。

時間とお金に余裕がある方には、こちらの「しっかりリフォームプラン」をおすすめします。

家には、部位ごとに、メンテナンスの時期の目安があります。

それに合わせて、綿密に計画を立てて、実行していくという方法です。

同じ業者に任せられる部位については、その時期の目安を参考にしながら、ある程度まとめて施工を依頼するほうが、効率的にメンテナンスを進められるでしょう。

たとえば外壁と屋根のメンテナンスは初回が築10年前後、2回目が築15～20年ぐらいとほぼ同時期で、施工業者も共通していることが多いため、まとめて行うのが効率的です。

外壁の張り替え、屋根のふき替えに関しては、それまでのメンテナンスの状況をふまえながら、業者と相談してあらかじめ大体の時期を決めておくと、お互いに無理なく準備を進められるでしょう。

それ以外の内装、建具、設備なども、メンテナンスの時期が重なっており、扱う業者が共通している部位をセットで考えていくと、リフォームの計画を立てやすくなります。

主なリフォームについて、いつ、いくらかかるのかを、まとめてみましたので、参考にしてください。

家の30年の主なメンテナンスプラン

5年

◎シロアリ対策
（合成殺虫剤防蟻）　15～20万円
（ホウ酸防蟻）　25～30万円

◎そのほか
クロスやドア、フローリングに不具合がないか点検

10年

◎屋根（スレート）表面塗装　40～50万円

◎畳表替え　5～6万円

◎外壁（モルタル）表面塗装　80～100万円

◎外壁（サイディング）表面塗装　80～100万円

◎外壁（シーリング）打ち替え　15～20万円

◎ベランダ防水　10～15万円

◎雨どい（表面塗装）　10万円～

◎シロアリ対策（合成殺虫剤防蟻）　15～20万円

15年

◎屋根(金属)表面塗装　40~50万円
◎お風呂交換　100~150万円
◎トイレ交換　15~20万円
◎キッチン交換　50~100万円
◎洗面台交換　10~20万円
◎給湯器交換　15万円~
◎ガスコンロ交換　10万円~
◎シロアリ対策(合成殺虫剤防蟻)15~20万円

20年

◎屋根(スレート)表面塗装　40~50万円
◎畳表替え　5~6万円
◎外壁(モルタル)表面塗装　80~100万円
◎外壁(サイディング)表面塗装　80~100万円
◎外壁(シーリング)打ち替え　15~20万円
◎外壁(サイディング)、屋根の防水紙点検
◎ベランダ防水　10~15万円
◎雨どい(表面塗装)　10万円~
◎シロアリ対策
　(合成殺虫剤防蟻)　15~20万円
　(ホウ酸防蟻)点検
◎そのほか　クロスやドアの点検

25年

◎屋根のすべての素材の点検

◎シロアリ対策（合成殺虫剤防蟻） 15~20万円

30年

◎すべての屋根のふき替え　250万円

◎外壁（サイディング）表面塗装　80~100万円

◎外壁（サイディング）張り替え　300万円

◎外壁（シーリング）打ち替え　15~20万円

◎ベランダ防水（重ね塗り）　25万円

◎お風呂交換　100~150万円

◎トイレ交換　15~20万円

◎キッチン交換　50~100万円

◎洗面台交換　10~20万円

◎給湯器交換　15万円~

◎ガスコンロ交換　10万円~

◎クロス全面張り替え　130万円

◎ドア交換　100万円

◎フローリング交換　320万円

◎畳交換　10万円

◎シロアリ対策
（合成殺虫剤防蟻）　15~20万円
（ホウ酸防蟻）点検

「山下式ずぼらプラン」で、手間ひまをかけずにアンチエイジング

リスクの高い劣化を見抜くのがインスペクション

「長く住み続けられる家」を保つためには、綿密な計画を立てて、しっかりリフォームを実行するに越したことはありません。

でも、前項を読んでおわかりのように、しっかりリフォームには、それなりのお金も、労力もかかります。

「そこまでのお金や労力はかけられない」と思う人がいるのも当然です。

そんな方におすすめしたいのが、アンチエイジングリフォームのもう1つのプラン。**インスペクション（住宅の劣化や不具合の状況の調査）を中心とした「山下式ずぼらプラン」**です。

やることは簡単です。

5年ごとにインスペクションをして、問題があればその箇所のリフォームをする。

それだけです。

前項で、リフォームの時期の目安を書きましたが、これはあくまでも目安です。日当たりや雨量などが立地や地域によっても異なるため、長くなることもあれば、短くなることもあります。

もし、**数年でもリフォームを遅らせることができ、リフォームの回数が減るのであれば、それだけ費用も安くすむ**わけです。

そして、インスペクションを行ってくれた会社が、今後どのようにすべきかを、教えてくれるはずです。

そんな業者はないと思いますが、調べるだけの会社もあるかもしれません。

念のため、「診断後のメンテナンスプランのアドバイスはもらえますか?」と尋ねておいてもよいでしょう。

「住宅診断」や「インスペクション」という単語をネットで検索してみてください。

「既存住宅状況調査技術者」や「既存住宅現況検査技術者」「長期優良住宅化リフォーム推進事業登録インスペクター」などの資格を持った業者を選ぶとよいでしょう。

そもそもインスペクションとはなんでしょう。

2013（平成25）年、国土交通省が、「既存住宅インスペクション・ガイドライン」を定めました。

これは、住宅の構造安全性や日常生活に支障がある劣化などの有無を把握するための指針です。

この中で検査項目として挙げられている劣化には、次のようなものがあります。

・柱・はり・床・土台、壁、基礎（蟻害《ぎがい》・腐朽《ふきゅう》および腐食・傾斜・ひび割れなど）
・屋根・外壁・サッシ・天井など（雨漏り・水漏れにつながる劣化）
・給水管・排水管など（さび・詰まり・水漏れなど）

これらの劣化が特に取り上げられているのは、放置しておけば、重大な問題につながる可能性があるからです。

ただ、そうなると、

「インスペクションの検査項目に含まれていない建築部位、設備に関しては、どうしたらいいの？」

と、気になる人もいるでしょう。

それらの建築部位、設備……、たとえば**排水管・給水管を除いた水回り設備、給湯器、内装などは、劣化が進んでも、家の寿命を縮めるほどの大事に至ることはまずありません。**

使い勝手や見た目が悪くなるまで、割り切って使用し続けるのも、1つの方法です。突然壊れたり、不調が起きたりするのを避けたいなら、前項のメンテナンス時期の目安を参考に、早めにリフォーム、交換などの対処をすればいいのです。

ただ、インスペクションをいつ受けて、いつリフォームが必要なのか、時間があくと、忘れる場合もあります。ぜひ、次のページの記録帳に記入して、忘れないようにしてください。

インスペクション記録帳

インスペクションした日

年　月

リフォームすべきところ

あとあとリフォームすべきところ

インスペクションを上手に活用する「山下式ずぼらプラン」

家を売る側、買う側のどちらにとってもお得！

もちろん、これまでいってきたとおり、家は長く住み続けたほうが絶対にお得です。それでも、どうしても家を売らなくてはならないときもあるでしょう。そんなときには、インスペクションが必要になります。

インスペクションについて、もう少し詳しく説明しておきましょう。

インスペクションとは、目視や計測などにより、住宅の基礎や外壁のひび割れ、天井の雨漏りなどの劣化・不具合が発生していないかを調べる「建物状況調査」です。

国土交通省が２０１３（平成25）年に定めた「既存住宅インスペクション・ガイドライン」では、インスペクションを次の３つに分類しています。

・一次的なインスペクション（既存住宅現況検査）……目視や非破壊検査で構造安全性や日常生活に支障があると考えられる劣化事象の有無を把握するもの
・二次的なインスペクション（既存住宅診断）……はがし検査（破壊検査）も含めた詳細検査を行い、劣化事象の生じている範囲や不具合の原因を総合的に判断するもの
・性能向上インスペクション……性能向上リフォーム時の前や後に住宅性能を把握するもの

そもそも、このようなインスペクションのガイドラインが定められたのは、どうしてでしょうか？

実は、いまだに新築信仰が根強く残る日本では、住宅販売における中古住宅の流通シェアが欧米諸国と比べて圧倒的に小さいのです。

そのため、国が中古住宅の品質の客観的な評価基準を設けて、売買の際の価格設定を明確にすることで、市場の活性化を図ろうとしているのです。

以前は、業者によって検査の技術や基準がそれぞれ異なることもあり、同じ中古住宅でも査定価格にばらつきがありました。

しかし、「既存住宅インスペクション・ガイドライン」が定められ、それに従ってインスペクションを行えば、業者にかかわらずほぼ同じ査定価格が算出されるので、中古住宅市場の信頼性が高まります。

中古住宅を売る側、買う側の双方にとって、メリットは少なくありません。

売る側は、インスペクションの結果をふまえてメンテナンスを行うことで、適正な価格で査定、売却しやすくなります。

また、仮にメンテナンスをしない場合でも、インスペクションによって住宅の状態が明らかになっているので、売却後にクレームを受けたり、修理費用を請求されたりするリスクは減るでしょう。

一方、**買う側も、インスペクションを受けている物件なら必要な情報が得られるため、一定の安心感をもって購入することができます。**

先ほど、「山下式ずぼらプラン」を紹介しました。

このプランで行うインスペクションは、基本は一次的なインスペクションで大丈夫。ただし、防水紙が劣化している可能性があるので、**103ページの「2000年問題」に該当する家、築20年以上の家は、屋根と外壁の下地や防水紙の状態を見る、「はがし検査」を行う、二次的なインスペクションを受けるのがおすすめ**です。

これからの中古住宅売買では、絶対的な必要条件に

2018（平成30）年4月、「改正宅地建物取引業法」が施行されました。

これにより、**中古住宅の売買の契約を結ぶ際、仲介業者は、売り主と買い主の双方にインスペクションについての説明をすることが義務づけられました。**

そして、売り主の希望があれば、インスペクション業者の紹介やあっせんを行った上で、インスペクションが実施されます。

さらに、仲介業者は、1年以内にインスペクションを実施したかどうか、実施したのであればその結果を、売買契約前に買い主に説明しなければなりません。

それと同時に、「建築基準法令への適合性」「新耐震基準への適合性」「新築時・増改築時の設計図書」「新築以降に行われた調査点検の報告書」などがあるかどうかも、買い主に説明する必要があります。

その上で、売買契約を結ぶときには、売り主と買い主がインスペクションの結果などをもとに建物の現状について確認した内容を、それぞれに書面で引き渡すのです。

中古住宅の売買時に求められるのは、目視や計測によって検査する、一次的なインスペクションです。

屋根、床下は、目視できる範囲だけが対象です。

家の壁については、目視のほか、水平・垂直を計測し、ゆがみや傾きがないかを確認します。

そのほかに、水回りの排水テスト、建具・サッシの開閉動作の確認なども行います。

ちなみに、一次的なインスペクションの費用は5〜7万円ほどで、オプション料金や報告書作成料金が別途発生することもあります。

インスペクションで補助金を有効に利用する

リフォームする際に、最大300万円の補助金も

家のメンテナンス計画を立てたり、中古住宅を売買したりするときのほかにも、インスペクションを行うことにはメリットがあります。

インスペクションを行うことで、国から補助金を得て、家のリフォームをすることができるのです。

それが、長期優良住宅化リフォーム推進事業です。

長期優良住宅化リフォーム推進事業では、質の高い住宅を増やし、中古住宅の流通を促進するとともに、子育てしやすい環境の整備を図ることを目的としています。

そのため、**既存住宅の長寿命化や三世代同居など複数世帯の同居の実現につながるリフォームに関し、その費用の一部を支援してくれる**のです。

戸建て住宅の場合、補助の要件は、大きく分けて3つあります。

・リフォーム後、一定の性能向上が認められる
・性能向上リフォームなど、所定の工事を行う
・インスペクションを実施し、住宅履歴情報、維持保全計画を作成する

そして、補助の対象となるのは、次の費用です。

・性能向上リフォーム工事に要する費用
・三世代同居対応改修工事に要する費用
・良好なマンション管理対応工事に要する費用
・インスペクション、住宅履歴情報の作成、維持保全計画の作成等に要する費用

これらの費用のうちの1/3の金額が補助されることになります。

リフォームの内容、補助金の限度額をあとのページにまとめました。

リフォームの内容によって、３段階で補助金の額が変わってきます。

どのタイプについても、あわせて三世代同居対応改修工事をすることで、補助金の限度額がさらに50万円上乗せされます。

これらのタイプに当てはまらず、住宅性能が認定基準や評価基準に適合しなくても、代替措置によって同等の性能などを提案することができるリフォームについては、補助が認められることもあります。

これが「提案型」といわれるものです。

「提案型」の限度額は、提案内容に応じて１００万円／戸（１５０万円／戸）、または２００万円／戸（２５０万円／戸）となります。

ただし、この「提案型」は、交付申請に先立って公募期間中に応募し、審査に合格しなければいけません。

リフォームの内容と補助金の限度額

1
評価基準型
長期優良住宅（増改築）認定を取得しないものの、一定の耐震・耐久・省エネ性を確保
⇒ 100万円／戸（150万円／戸）

2
認定長期優良住宅型
長期優良住宅（増改築）認定を取得し、より高い耐震・耐久・省エネ性を確保
⇒ 200万円／戸（250万円／戸）

3
高度省エネルギー型
長期優良住宅（増改築）認定を取得し、さらに高省エネ化
⇒ 250万円／戸（300万円／戸）

（　）内は、三世代同居対応改修工事を実施する場合、若者・子育て世帯または既存住宅の購入者が改修工事を実施する場合を示す。若者：令和2年4月1日時点で40歳未満であること。子育て世帯：令和2年4月1日または交付申請時点で18歳未満の子どもがいること。

リフォームで補助金を受けたいなら、まずは業者に相談を

長期優良住宅化リフォーム推進事業で補助を受けるための要件には、内容に少々複雑なところがあります。

たとえば、「リフォーム後、一定の性能向上が認められる」という要件を表の評価基準型に当てはめると、劣化対策、省エネ性、耐震性については評価基準に必ず適合していなければなりませんが、維持管理・更新の容易性に関しては適合していなくてもよいのです。

また、「性能向上リフォームなど、所定の工事を行う」という要件にも、細かなルールが定められています。

性能向上リフォーム工事には、劣化対策、耐震性、維持・更新の容易性、省エネ性を一定水準まで高める「特定性能向上工事」と、インスペクションで指摘を受けた外壁、屋根の工事、バリアフリー化工事などの「その他の性能向上工事」が含まれます。

ところが、「その他の性能向上工事」によって住宅性能が高められても、必須項目が評価基準に届かないと、補助の対象とは認められないのです。

長期優良住宅化リフォーム推進事業は要件の内容が複雑なばかりでなく、申請期限や工事時期なども定められているので、補助制度の利用を検討している人は事前にリフォーム業者と相談し、最新の情報を確認しておく必要があります。

いずれにしても、長期優良住宅化リフォーム推進事業の補助制度を利用するためには、インスペクションを受けることが必須です。

インスペクションを最大限に有効活用しましょう。

「つみたてNISA」でリフォーム投資をしよう！

「つみたてNISA」で効率的にリフォーム費用をためる

しっかりプランを行うにも、ズボラプランを行うにも、それなりにまとまったお金が必要になります。

でも、マンションと違って、戸建てには修繕積立金がありません。

マンションに住んでいる場合には定期的に集金され、お金は自動的に積み立てられますが、**戸建てでは自分でお金を積み立てなければならない**のです。

そんなときに便利なのが、「つみたてNISA」です。

戸建て住宅は、少なくとも50年以上、住み続けられます。

最近では、住宅性能が向上していることもあり、100以上住み続けられる品質の家も増えてきました。

ただ、何もしなくても、50年以上住み続けられるわけではありません。シロアリの防蟻処理なら約5年ごと、外壁塗装なら約10年ごとなどと、家の各部位の劣化が進むのに先んじて、計画的にメンテナンスをしていく必要があります。

そうすることで、家の健全性が保たれ、「長く住み続けられる家」を手に入れられるのです。

家のメンテナンス計画を立てる際には、127〜129ページの各部位ごとのメンテナンス時期と費用の目安を参考に、

「5年目には防蟻処理と定期点検で○○円、10年目には防蟻処理のほか、外壁と屋根の塗装で○○円……」

などと、あらかじめどれだけかかるか見積もっておくとよいでしょう。

さて、費用を見積もったら、あとは実際にお金をどうためていくかが問題です。

今どき、**銀行に預金しても、利息もつかず、メリットはありません**。

そこで提案したいのが、「つみたてＮＩＳＡ」を利用して、効率的にリフォーム費用をためることです。

10年で解約するもよし、満期まで待つもよし

「つみたてＮＩＳＡ（積立ＮＩＳＡ）」は、２０１８年からスタートした少額投資非課税制度です。

毎年の非課税投資枠から得た利益・分配金に関して税金がかからないのは、２０１４年に先行して始まったＮＩＳＡと同じです。

それでは、ＮＩＳＡとつみたてＮＩＳＡとの違いは、どこにあるのでしょうか？

リフォームの費用を準備するのに、つみたてＮＩＳＡのほうをおすすめするのには、もちろん理由があります。

つみたてＮＩＳＡとＮＩＳＡの違いは、年間の積立可能額と累積積立可能額、そして定期拠出があるかどうかです。

ＮＩＳＡは、年間１２０万円まで投資することが可能で、５年にわたって５つの枠を同時に持てます。

つまり、投資可能額は最大で６００万円です。

また、随時入金をすることも、定期拠出をすることもできます。

一方、つみたてＮＩＳＡは、年間の投資可能額は40万円までですが、最長で20年にわたって口座を維持することができます。

結果として、投資可能額が最大８００万円まで広がるのです。

入金は、定期拠出が前提となります。

ひと言でいえば、**つみたてＮＩＳＡのほうが、少額で毎月コツコツと長期間にわたってお金をためるのに向いている**のです。

制度開始から間がないため、つみたてＮＩＳＡの運用成果に関する統計情報はまだ公表されていませんが、金融機関や専門家などの予測によれば、およそ１・４〜３・８％

の平均収益率（預金や債券でいう利回りに当たる数字）が見込まれています。

2020年5月の時点で、一般の銀行の定期預金の利回りは最高0・002%、ネット銀行でも最高0・25%ですから、**つみたてNISAを利用するほうがはるかに効率的にお金をためられます**。


つみたてNISAで運用したお金をリフォームに使う場合、大きく2パターンが考えられます。

1つは、築10年前後の最初のメンテナンスの費用にあてるパターンです。

仮にリフォームにかかる費用を約400万円、つみたてNISAの平均収益率を2%、運用期間を10年とすると、月々約3万円の積み立てが必要になります。

もう1つは、つみたてNISAを満期（今のところ投資可能期間は2037年）まで運用し、その後の大規模なリフォームなどの費用にするパターンも考えられます。

意外とかんたん！　つみたてNISAの始め方

つみたてNISAの始め方についても、簡単に説明しておきます。

つみたてNISAを始めるには、証券口座が必要です。

まずは、証券口座を開きましょう。

SBI証券や楽天証券などの**インターネット証券が、手数料も安く、おすすめ**です。

また、それとは別に、つみたてNISAの口座も開かなければなりません。

たいてい、必要な2つの口座の開設は並行して進められるので、同時にすませてしまうのがよいでしょう。


つみたてNISAの口座が開設できたら、月々の積立金額を決めます。

つみたてNISAの年間投資可能額は40万円ですから、最大でも月に3万3333円までしか積み立てられません。

その範囲内で、家のメンテナンス計画を立てるときに見積もった費用をふまえて、月々の積立金額を決めるようにしましょう。

できるなら、見積もり費用の総額よりも多少の余裕をもって積み立てておくと、不測の事態が起きても、対応しやすくなります。

月々を積立金額が決まれば、あとは買う投資信託を選ぶだけです。

つみたてＮＩＳＡで買える投資信託は、金融庁が定める厳しい条件をクリアしているものばかりですが、運用期間が長いこともあり、やはり自分自身である程度納得して選ぶに越したことはありません。

ただ、一点、アドバイスをするなら、**「インデックス型（パッシブ型）」と呼ばれる投資信託を買う**ことをおすすめします。

これは、「運用成績を市場と連動させること」を目標に運用される投資信託で、運用状況がわかりやすい上に、手数料を安く抑えられるのも特長です。

意外とたくさんある！
補助金制度を
いろいろと利用しよう

リフォームするなら、補助金を使わないのは損？

インスペクションを行うことで補助金が受けられる長期優良住宅化リフォーム推進事業のほかにも、家をリフォームする際の補助制度はたくさんあります。

その1つが、「住宅・建築物安全ストック形成事業」です。

地震発生時の住宅・建築物の倒壊等による被害を軽減するため、多くの地方公共団体が耐震診断や耐震改修に対する補助を行っています。**補助の対象となる区域、規模、敷地、建物用途等の要件は市区町村によって異なるため、詳しくはお住いの市区町村に確認**する必要があります。

地方公共団体は、住宅リフォームを支援する制度を独自に設けています。

一般社団法人住宅リフォーム推進協議会の「地方公共団体における住宅リフォーム

に係わる支援制度検索サイト」では、各地方公共団体が実施する補助制度を、都道府県・市区町村や制度内容ごとに検索することができます。

そのほかでは、**特に充実しているのが、省エネ化に関する補助制度**です。

「地域型住宅グリーン化事業」では、省エネ基準を満たす木造住宅の省エネ改修工事の費用について、定額50万円／戸が補助されます。

一定の省エネ効果（15％以上）が見込まれる高性能建材（断熱材、ガラス、窓）を用いた住宅の断熱リフォームを支援してくれるのが、「高性能建材による住宅の断熱リフォーム支援事業」です。

この事業では、戸建て住宅の場合、１２０万円／戸を上限額として、対象となる改修工事にかかった費用の１／３以内の補助金が交付されます。

また、「次世代省エネ建材支援事業」では、短工期で施工可能な高性能断熱パネルや潜熱蓄熱建材《せんねつちくねつ》建材、調湿《ちょうしつ》建材などの付加価値を持つ省エネ建材を用いた住宅断熱リフォームに関して、対象となる工事にかかった費用の一部が補助されます。戸建ての場合、補助金の上限額は２００万円／戸、補助率は対象経費の１／２以内です。

ここで紹介しているのは、令和2年度の補助制度です。

補助制度には、それぞれ、申請期限や工事時期等が定められています。**巻末の参考資料ページに各補助制度のサイトＵＲＬを掲載**しておきますので、活用を検討する際には募集要領などをよくご確認ください。

リフォームを依頼する業者が決まっていれば、制度が利用できるかどうか、事前に相談しておくとよいでしょう。

補助金と減税制度は併用することができる！

リフォームをする場合には、補助制度だけでなく、減税制度も利用できます。

「補助制度と減税制度、どっちがお得？」などと、迷う必要はありません。

補助制度と減税制度は、併用することが可能です。

たとえば、補助制度を利用して省エネリフォームを行ったとすると、適用要件を満たしていれば、所得税の控除や固定資産税の減額措置を受けることができます。

その際には、**控除対象金額から交付された補助金の額を引いて計算し、控除額が決まります**。

主な減税制度は、次のとおりです。

1　所得税の控除

投資型減税……リフォームローンの利用有無にかかわらず利用可能

ローン型減税……償還期間5年以上のローン利用の場合

住宅ローン減税……償還期間10年以上のローン利用の場合

という3種類の制度があります。

対象となるリフォームの種類は、耐震、バリアフリー、省エネ、同居対応、長期優良住宅化です。

住宅ローン減税の場合には、それ以外の増改築等工事も、減税の対象となります。

所得税の控除を受けるには、税務署への確定申告で手続きを行うことが必要です。

2　固定資産税の減額

耐震、バリアフリー、省エネ、長期優良住宅化リフォームが対象です。

適用要件を満たすリフォームを行ったときに、工事完了後3カ月以内に市区町村等で申告手続きをすると、その建物にかかる固定資産税の減額を受けられます。

3　贈与税の非課税措置

満20歳以上の個人が新築、取得、または増改築のための資金を親や祖父母などから贈与された場合に、一定金額までの贈与について、贈与税の非課税が認められるものです。

4　不動産取得税の軽減措置

中古住宅を買うと同時に、適用要件を満たすリフォームを行うと、不動産取得税の軽減措置が受けられます。

なお、減税制度の併用はできない場合もあります。

また、この項目の情報は、2020年6月15日現在の情報です。減税制度の併用の可否や、各減税制度の詳しい要件、控除額などは、国税庁のサイトや税務署、またはリフォーム業者に確認してください。

「実家問題」を先送りにすると悲惨！盆暮れ正月に、家の話をしよう

実家をどうするかは今すぐ相談を

「実家を見てほしい」と、家の持ち主の息子さんから、私どものところに電話がかかってくることが、ごくまれにあります。

面倒くさいからと、見て見ぬふりをしたくなる気持ちもわかりますが、親たちだけで長く住むにしろ、自分がいつか受け継ぐにしろ、**実家をどうするかはきちんと話しておいたほうが、あとあと絶対にラク**になります。

盆暮れ正月などで、家族が集まったときには、ぜひこれから実家をどうするか話し合ってみてください。

まず決めるのは、次のことです。

両親が今の家に住み続けたいのか、家を残したいのかどうかです。

引っ越しのリスクがないなど、第1章に書かれた、持ち家に住み続けることの利点を交えながら話し合い、**できるだけ早くインスペクションをしてみてください。**

そして、その結果を鑑みて、住み続ける、家を残そうと考えるのであれば、長く住むためのリフォームを始めましょう。

いずれ、子どもたちと一緒に住むなどの理由で、家を手放す可能性があるのなら、それまでに必要な最低限のリフォームで構いません。

インスペクションを依頼した業者にでも、率直に相談して、費用がいくらぐらいかかりそうか、見積もりをとってみましょう。

手放すにしても、手放さないにしても、家の状況を知ることが重要です。

何もせずに放っておくと、のちのち、家を残したい、親たちが住み続けたいのに、家がボロボロで壊すしか選択肢がないということになりかねません。

より安心、安全！アンチエイジングリフォームにプラスしたいリフォームとは

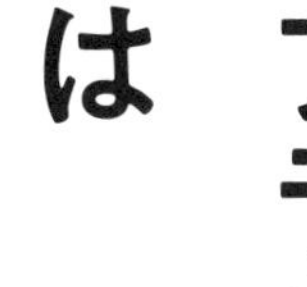

「バリアフリー」「防犯」対策でさらに安全

家が長持ちする「アンチエイジングリフォーム」をしっかりとされたあと、まだ余裕があれば「バリアフリー」や「防犯」リフォームをすることで、より、安心と安全は保てます。

バリアフリーリフォームとは、手すりをつけたり、段差をつけたり、階段をゆるやかにするリフォームです。

歩きやすくするほかに、**視力が弱った方には、床を見やすい色に変えるなど、その人の現在の体調によって、変える**必要があります。

「福祉住環境コーディネーター」などの資格を持っているかどうかは、業者を選ぶ上での1つの物差しになります。

ただ、元気なのに早め早めにやりすぎると、それだけ体を動かさなくなるので、より衰える危険性があります。

ちょっと不便だな、しんどいなと思うぐらいのタイミングがいいでしょう。

防犯リフォームのポイントは、2つ。**侵入しにくくすることと、犯人のいやがることをする**ことです。

侵入しにくくするには、窓の鍵を侵入が難しいタイプにしたり、小窓にも面格子をつけたり、窓を割られないように、防犯フィルムを張ったりというのがあります。

犯人のいやがることをするリフォームとしては、人が近づくと光るサーチライトにしたり、侵入すると音が鳴る、玉砂利をまいたりすることが考えられます。

サーチライトは、いざというときに電球の寿命がきて光らないと困るので、巻末に掲載している、「お家ＭＥＭＯ」などに、取り替え時期を記載するとよいでしょう。

防犯リフォームを専門に行うところもあります。

老後により安心して暮らすために、余裕があれば検討してみてください。

第3章のまとめ

アンチエイジングリフォームの計画を立てよう!

・まずは一次的なインスペクションを、築20年以上で二次的なインスペクションを受けることが大切

・補助金を利用しよう

・つみたてNISAを利用したリフォーム積み立ての検討を

・余裕があれば、バリアフリー、防犯リフォームを

第4章

悪徳業者、手抜き業者から家を守る！リフォーム業者の選び方

ポイントは瑕疵保険の加入！リフォームに精通した各専門工事会社に依頼を

専門工事会社は、知識、技術に加え、現場での経験も豊富

家のアンチエイジングのために、外壁と屋根のリフォームをする。

そのときに一番大切なのは、業者選びです。

リフォームには、確かな定価というものがないので、業者によって値段もかなり異なります。


また、悪徳業者による手抜き工事、悪徳ではなくとも、知識不足で誤った工事が行われる心配もあります。

余計にお金がかかるだけでなく、**リフォームをしたことで、逆に家の寿命が縮まってしまう**ということも考えられるのです。

そこで、この章では、業者の選び方から説明していきます。

一口にリフォームを手がけている業者といっても、さまざまなタイプの業者があります。

代表的な業者は、次のとおりです。

・専門工事会社
・工務店・ハウスメーカー
・設備会社
・リフォーム営業会社
・購入先不動産会社
・インテリアショップ・家具メーカー

これだけさまざまな業者があって、それぞれに異なる特徴があるため、依頼するほうとしては迷ってしまうかもしれません。

ただ、自分が何を第一の目的としてリフォームしたいのかを考えれば、優先順位はおのずと決まってきます。

これまでもお話ししてきたように、家にはさまざまな部位があり、そこで使われる構法や材料は多岐にわたります。

いわゆる**「何でも屋」的な業者では、それぞれの部位のリフォームに本当に必要な専門的知識・技術を十分に備えている保証がありません**。

また、リフォーム営業会社や大手ハウスメーカーは、自社内に職人を抱えていないことがほとんどで、現場レベルでの経験が蓄積・共有されていない点に不安が残ります。

なによりも、職人を抱えていないため、自分たちの利益をプラスした状態で、下請け業者に工事を依頼しています。

施工内容に比して補修費用が割高になりがちですし、もし高くないとしても、実際に工事をする業者には、相場より安く依頼されているわけですから、その分手抜きをされる心配が出てきます。

そうすると、施工内容はもちろん、アフターケアやメンテナンス計画まで含めて、しっかりとしたリフォームの実現を目的とするのなら、やはり、職人を抱えているその道のエキスパートに依頼するのがベストの選択です。

つまり、外壁・屋根などの外装関係は専門工事会社、キッチン・バスルーム・トイレ・洗面所などの水回り設備は専門工事会社または設備会社、それ以外の内装関係は実作業にあたる大工との結びつきが強い工務店にそれぞれ依頼すると、満足度の高い結果が得られやすくなります。

万一のトラブルにも、リフォーム瑕疵保険なら安心

しっかりリフォームを目指すと、そのときの家の劣化の状態によっては、工事の規模が大きくなることもあります。

そうしたときにぜひ利用してほしいのが、リフォーム瑕疵保険です。簡単にいえば、家電についている製品保証の家版と考えてください。

リフォーム瑕疵保険は、信頼できる業者を探す上で、役に立ちます。リフォーム瑕疵保険に加入するためには、依頼する相手の業者が事前にリフォーム瑕疵保険に登録していなければなりません。

そのため、リフォーム瑕疵保険に登録していない業者がすべていい加減だとはいえないまでも、登録している業者には一定の信頼がおけます。**リフォーム瑕疵保険に登録している業者かどうかは、一般社団法人住宅瑕疵担保責任保険協会ホームページで検索して、確認することができます。**

もう少し説明をしておくと、リフォーム瑕疵保険は、リフォーム時の検査と保証をセットにした保険制度です。

保険は、住宅専門の保険会社が引き受けます。

依頼したリフォーム業者がリフォーム瑕疵保険に登録していれば、後日、欠陥が見つかった際、補修費用などの保険金が業者に支払われ、家の持ち主は無償で直してもらうことができます。

万一、業者が倒産した場合には、保険金は家の持ち主に直接支払われるので、安心です。

リフォーム瑕疵保険への加入は、着工前の申し込みが必要となります。

リフォームが大がかりになりそうで、高額な費用が見込まれるときには、工事契約前に業者と相談しておくとよいでしょう。

訪問営業のリフォーム会社は断ったほうが無難

1万件を超える苦情がいまだに……

以前よりは減りましたが、今でも、メディア、そして周りのお客さまなどから、悪徳リフォーム会社にだまされたという話を耳にすることがあります。

同業者として、本当に恥ずかしく、また申し訳ない気持ちになります。

初めて私たちにご依頼してくる方々などは、面と向かって言葉にこそしないものの、心のどこかに「だまされるんじゃないか」と不安を抱えている様子が見てとれます。

そのような業界全体への不信感が、リフォームを遠ざける一因にもなっているのではないでしょうか。

本当にまじめに取り組んでいる業者にしてみたら、いい迷惑でしかありません。

ぜひ、皆さんに安心してリフォームをしてもらいたい。

そこで、悪徳業者に引っかからないために、いくつか知っておいてほしいことがあります。

まず、訪問販売や「ちょっと通りかかって、パッと見たんですけど、ずいぶんと傷んでいるようで」などと、**こちらが頼んでもいないのに、突然訪れて、危機感をあおるような言葉を投げつける業者は、避けたほうが無難**です。

また、近所でリフォームしているお宅を狙って「ちょっと最近、近くでリフォームをしていまして、お話だけでもさせてください」とやってくる話も聞きます。

近所の方が依頼する業者なら信頼できるだろうと、だまされてしまうこともあるようです。

独立行政法人国民生活センターのホームページによると、2020年3月31日までの集計で、昨年度、訪問販売がらみで、7467件、点検商法で5364件、相談が消費者生活センターに寄せられています。

業者が悪いケースばかりではなく、単にコミュニケーションの行き違いによる相談もあったと思いますが、せっかく一生懸命蓄えたお金を無駄にしないためにも、突然やってくる業者は避けるのが無難です。

いいインスペクション業者を見分けて、損をしない

向こうから調べさせてくれという業者はＮＧ

インスペクション、つまり家の健康診断を受けることの重要性を語ってきましたが、それはどんな業者に依頼すればいいのでしょうか。

繰り返しになりますが、「点検します」と、突然わざわざ訪問営業してくる業者にインスペクションさせるのは、要注意です。

なかには、シロアリの卵をまいていくという、悪質な業者もいるようです。

心配な場合は公益財団法人住宅リフォーム・紛争処理支援センターが運営している「住まいるダイヤル」や市の消費生活センターなどに相談するのも、よいでしょう。

さて、それでは、インスペクション業者は、どう選べばいいのか。

１つの基準になるのが、**建築業許可を得ている会社、そして社会保険に加入している会社**になります。

また、あくまでも基準の1つと考えていただきたいのですが、点検後、築10年未満にもかかわらず、やたらと「安全のために塗りましょう」とすすめてくる業者、**すぐに「壊れます」と口にする業者は、少し気をつけたほうがいい**かもしれません。

早めに塗ることはいいことですが、さほど汚れていない、劣化も見当たらないときには塗らなくても大丈夫です。

また、「壊れると」いうのはよっぽどのことです。

人が住んでいて、災害にあったとき以外で、突然家が壊れて下敷きになってしまったという話は聞きませんよね。

「災害などがあったときに、壊れてしまう可能性がある」というのなら、納得もできるのですが……。

いずれにしても、明確な理由も示さないのに、必要以上に恐怖心をあおる業者には、注意してください。

「足場費用無料」など、大幅な値引き業者は避ける

大幅値引きの裏には手抜きがひそんでいる

私ども専門工事会社でも当然、手がける作業の分だけ、コストがかかります。

上まで塗るための足場を組むのにも、もちろんお金がかかります。

それなのに、その分の費用がかからないというのは、現実問題としてありえません。

つまり、その分、**別のところで手を抜いていると考えるのが自然**です。

そのほか、「今、キャンペーン中で、すぐに契約をしたら、大幅に値引きしますよ」という業者にも、同じことがいえます。

費用を少しでも安くすませようとして、そうした業者にリフォームを頼んでしまうと、結局、のちのち余計にお金がかかってしまうことになりかねません。

逆に、「相見積もりをとってみて、他社のほうが安かったら、値引いてくれませんか？」と聞いたときに、即答しなかったり、できないと断ったりする業者は、むしろ信用できる業者である可能性が高いです。

見積書にある
一式という項目には要注意

手抜きとぼったくりを防止する質問

正直、家のリフォームのことを全部理解するというのはかなり難しく、そのような人はほとんどいません。

だからこそ、業者は、お客さまにはわからないと思って値段を上乗せしたり、作業の手を抜いたりすることがあるのです。

見積もりをもらったときに、外壁工事一式というざっくりとした見積もりしか出していない業者には注意したほうがよいでしょう。

といっても、「細かいところまで記載しても、お客さまには理解しづらいだろう」と考えて、省略している場合もあります。

そこは、どういうことをするのか、丁寧に聞いてみてください。

外壁なら、

「これは、シーリングの打ち直し（取り替え）も入っているんですか？」

「何回塗るのですか？」

という2つの質問は必ずしてください。

シーリングの打ち直しは、塗装同様、外壁工事には不可欠な作業なので、ここを適当にごまかす業者は避けたほうがいいでしょう。

また、外壁は、下塗り、中塗り、上塗りと、3回塗るのが基本です。

「3回ごとに写真を撮ってもらえますか？」と言って、素直に引き受けてくれる業者なら、信頼できます。

屋根におけるキラーフレーズは次の3つになります。

遠慮《えんりょ》などせず、どんどん尋ねましょう。

「足場を組んで施工しますか？」

「えん切りは何で行いますか？」

ふき替えの場合は「防水紙の写真を撮っていただけますか？」

という3点については、必ず聞いてみてください。


足場を組まずに施工するのは、安全意識が低い業者です。そんな業者は手抜きをしがちなので、気をつけましょう。

えん切りというのは、屋根の水はけをよくするもので、スレートぶきの屋根の塗り替えには欠かせません。


これは通常、タスペーサーという屋根材と屋根材の間に隙間をあける道具を使って行います。

スレートぶきの屋根なのに明確な答えが返ってこないようなら、その業者を100％信頼するのは危険かもしれません。

また、屋根の防水紙は、前述したとおり、劣化するものです。ふき替えの場合は、必ず、確認、報告してもらってください。問題がないのに防水紙を張り替えられたり、逆に防水紙が破れているのに、そのままふき替えだけされたりするのは、無駄にお金をかけることになり、大きな損失です。

相場より高いときは、理由を聞く

それぞれの工事の相場は、3章の127〜129ページを確認してください。それよりもはるかに高額の場合は、理由を聞いてください。

話をして、明らかに不親切だったり、言いよどんでごまかそうとしたりしていると感じられたら、その業者に頼むのはやめたほうがいいでしょう。

「施工中の家を見せていただけませんか」は、最高のキラーフレーズ

現場がきれいで、きびきび動く職人は、信用していい

「今、施工中の家を見せていただけないですか？」

念を押すのであれば、こう尋ねてみてください。

工事の善し悪しまでは判断できないかもしれませんが、いい仕事をしているかどうかは、意外に現場に表れているものです。

あちこちにゴミが散らかっていないかとか、職人がきびきびと動いているかなど、をチェック。できれば、**別の日に、今度はこっそり訪ねてみてください**。

なぜなら、お客さまの訪れるとわかっている日だけ、しっかりと振る舞っている可能性があるからです。

ちょっとした抜き打ち検査。多少の時間はかかることになりますが、1日、2日で劣化がそれほど進むわけではありません。

業者選びは、急いで決断せず、納得するまでじっくりと慎重に行うようにしましょう。

第4章のまとめ

いい業者にめぐりあうために

・突然訪問してくる業者は避けたほうが無難
・資格を持っているかどうかを確認する
・適切な質問を投げかけ、戸惑う業者は怪しい
・別の施工現場を見に行くのは◎

第5章

これからは、長持ちする家の価値がもっと上がる時代に

リフォームで長持ちする家が増えることを国も望んでいる

日本は、世界でも群を抜いて、家の寿命が短い国

前にご紹介したように、家のリフォームをするにあたっては、国や地方公共団体によって、さまざまな補助制度や減税制度が設けられています。

どうして、リフォームはこれほどの優遇を受けているのでしょうか？

それは、リフォームをして長持ちする家が増えることを、国が望んでいるからです。

平成の時代に入ってからも、日本人は、住まいについての豊かさを実感できていませんでした。

同時に、日本では少子高齢化社会の進展による福祉負担の増大、廃棄物問題が深刻化し、地球全体の環境問題も明らかになってきました。

そこで、国は、「つくっては壊す」フロー消費型の社会から、「いいものをつくって、

きちんと手入れして、長く大切に使う」ストック型社会への転換が必要だと判断したのです。

住宅政策としては、「量」の確保から、「質」の向上を目指しました。

そして、2006（平成18）年に成立した「住生活基本法」、同年に策定された「住生活基本計画」で**ストック重視・市場重視の施策を展開する中で、住宅の寿命を延ばすことを最重要課題の1つに挙げた**のです。

実際、日本は、世界でも群を抜いて、家の寿命が短い国です。

たとえば、家が新築されてから壊されるまでの年数をみると、アメリカは平均約55年、イギリスは平均77年であるのに対して、日本は約30年と極端に短くなっています。

また、住宅全体の取引戸数における中古住宅の流通シェアについても、アメリカが77・6%、イギリスが88・8%、フランスが66・4%に上っているのに対して、日本はわずか13・1%にすぎません。

日本では、中古住宅をリフォームして住環境をよくすることよりも、新築住宅によりすべてを新しくすることが好まれてきたのです。

しかし、経済成長にも限界が見え、資源の枯渇も懸念される今、中古住宅を維持保全、リフォーム、リノベーションし、快適な住まいにするとともに、「長く住み続けられる家」にしていくことが、多くのメリットをもたらすと期待されています。

国が想定する「長く住み続けられる家」の普及によるメリットは、次のとおりです。

・廃棄物の削減につながる（環境負荷の低減）
・建替回数が減ることで、経済的な余裕が生まれやすくなる（国民負担の軽減）
・住宅の資産価値の維持・向上が図られる（国民資産の向上）

こうしたメリットの価値を認め、国土交通省が中心となって、国はさまざまな方策を講じているのです。

「長期優良住宅認定制度」は、国を挙げての施策

2008（平成20）年には、社会資本整備審議会住宅宅地分科会の中で、「長期にわたり使用可能な質の高い住宅の整備・普及させていくために講ずべき方策」が答申されました。

方策は、次の5つの施策に大きく分けられています。

・建設段階における施策
・維持管理段階における施策
・流通段階における施策
・良好なまちなみの形成・維持に向けた施策
・長期にわたり使用可能な質の高い住宅の普及に向けた啓発

さらに、2009（平成21）年、「長期優良住宅の普及の促進に関する法律」が施行され、住宅の長寿命化に向けた具体的な取り組みが始まりました。

その大きな柱が、「長期優良住宅認定制度」です。

これは、新築またはリフォームされた戸建て・共同住宅について、認定基準を満たす工事を行った住宅を「長期優良住宅」と認めるものです。

戸建てリフォームの場合には、劣化対策、耐震性、省エネルギー性、維持管理・更新の容易性が認定基準となります。

認定を受けるためには、着工前に申請し、工事完了後に点検、必要に応じて調査・修繕・改良をし、記録の作成・保存を行わなければなりません。

長期優良住宅の普及促進については、国に限らず、地方公共団体や事業者にも努力義務が課せられています。

そのため、長期優良住宅には、補助制度や減税制度などのさまざまな優遇措置が設けられているのです。

それだけ、国は住宅の長寿命化に本気で取り組んでいるのだといえます。

特別対談①

リフォームのデータ管理で、住み続けても価値が下がらないように

現場管理のデジタル化を推進する内山氏。きちんとしたデータ管理によって、戸建てリフォーム市場がどう変わるか、聞いてみました。

内山岳彦氏（うちやま・たけひこ）

代表取締役社長を務める株式会社エー・エス・ディでは、一現場が主体となる建設業の業務支援に特化してソリューションを提供。一般社団法人日本住宅リフォーム産業協会理事・性能アカデミー副委員長。

性能向上リフォームで、新築と同等の付加価値を取り戻す

山下：内山さんは、リフォーム業界の現状をどのように見ていますか？

内山：現在、日本では約6242万戸の既存住宅がありますが、これからさらに人口が減れば、良質な住宅だけが残ることになるでしょう。

もちろん、そのためには、きちんとメンテナンスをしていくことが必要です。

私は約20年間建設業とかかわる中で、よいリフォーム業者も、そうでないリフォーム業者も見てきました。

ただ、両者の違いは、一般消費者にはわかりづらいものです。

そこを明確にするのも、私どもの1つの役割だと考えています。

良質なリフォームができるのであれば、その証拠情報をしっかり残すべきです。

消費者にとっても、それが安心材料になります。

リフォーム業者がそうした説明責任を果たすためのお手伝いをしていくつもりです。

山下：内山さんが理事を務めている日本住宅リフォーム産業協会では、「性能向上プレミアム住宅」の認定を行っていますね。

内山：今、日本には、住宅の価値評価をする仕組みがありません。

不動産業界の慣例だけで、築20年以上の建物の価値はほぼゼロとされているのです。

一方、我々の「性能向上プレミアム住宅」のプログラムでは、経年劣化に応じて、価値を評価します。

逆に、性能向上リフォームでフルリフォームをした場合には、築年数にかかわらず、新築と同等の付加価値を取り戻せたと考えるのです。

さらに、リフォーム実施後、計画に沿って適切な維持管理を行っている良質な住宅については、売却時に残存価値が保証される仕組みになっています。

たとえば、性能向上プレミアム住宅の仕組みを利用して、築25年目に2210万円の性能向上リフォームを実施すると、20年後（新築から45年後）も約９００万円の住宅価値が残るため、買い手もつきやすくなります。

建物の価値が認められなければ、空き家がどんどん増える

山下：性能向上プレミアム住宅にリフォームするための資金として、リバースモーゲージを利用することもできるんですよね？

内山：そうですね。**リバースモーゲージを利用して、月々の支払いを利息のみの低額に抑えることもできます。**

その場合、元本ついては、所有者が亡くなった後、相続人が家を売却して、一括返済することになります。

もちろん、必ずしもリバースモーゲージを利用する必要はありません。

ただ、定年直後の退職金が出たタイミングでもなければ、高齢になってから、現金

を費やしてリフォームする気にはなれないものです。

ましてや、収入がなくなったら、ローンも組めません。

そこで、住んでいる家に投資をして、最後は残った家で清算することができるとなれば、高齢者が寒い家に住まなくてもいいじゃないですか？

性能向上プレミアム住宅が、健康住宅になります。

仮に、人生100年時代に、子どもは遠くに住んでいて、家をリフォームもせずにそのまま放置しておくと、ボロボロの寒い家にずっと住み続けなければいけません。

そして、所有者が亡くなったら、その家は取り壊すしかなくなってしまうのです。


山下：首都圏と地方では、そもそも土地の価格がまったく違います。

首都圏なら、建物の価値がゼロと査定されても、土地だけで十分に流通します。

しかし、土地の価格が低い地方では、そうはいきません。

今までのように、**建物の価値が認められなければ、空き家として放置される可能性が高い**ですよね。

内山：ただ、大手ハウスメーカー10社グループが設立した一般社団法人優良ストック住宅推進協議会」というのがあって、参加メーカーの住宅で共通の基準を満たすものを「スムストック」と認定しています。

ここで**「スムストック」と認められると、築30年程度の家でも500万円ぐらいの高値で流通**しています。

だから、これは、ブランディング（イメージ）の問題ともかかわっているんです。

山下：逆にいうと、「スムストック」を認定している大手ハウスメーカーの家でなくても、一般的な在来工法の戸建て住宅の性能に客観的なエビデンスがあれば、適正な資産価値が評価されて、それに見合った価格で流通するようになるかもしれませんね。

中古住宅の流通には、売り主と買い主の情報格差の解消が必要

内山：築100年以上の家がまだまだ流通しているアメリカでは、住宅への投資額と

資産評価額がほぼ一致しています。

一方、日本の場合には、建てては壊し、建てては壊しの新築文化が続いてきたため、資産評価額が投資額よりも500兆円も少ないのです。

そこで、**国としては、リフォームなどで良質な家のストックを増やした上で、きちんと資産評価をして、この社会資産のロスを是正したいと考えている**わけです。

マンションの流通量に関しては、新築が下がってきて、中古が上がり、2016年には流通量が逆転しています。

中古住宅への抵抗感が減ってきているんです。

ただ、戸建て住宅については、まだ手探りのところがあります。

山下：戸建て住宅は、不動産業者が売りづらいですからね。

内山：そうなんです。**インスペクションを行ったからといって、家の性能が上がるわけではありません。**

健康診断を受けて、体の状態がいいか悪いかが、わかるだけのようなものです（笑）。

国土交通省は、売り主と買い主の情報格差が中古住宅の流通における課題だと考えています。

たとえば、車なら、外見はピカピカでも、実は事故車だというケースがたくさんあります。

メーターを戻して走行距離をごまかしていたり、整備記録がなかったりすることもあるでしょう。

そうした車をつかまされないために、買い主は整備記録などを確認します。

家に関しても同じだろうというわけです。

その家の素性がよくわからなければ、買い主は
「設計はどうなっているの？　耐震性は大丈夫なの？」

などと、疑念を抱きます。

だからこそ、**家の素性を明らかにするデータがきちんと残されるようにしなければいけません。**

山下：買い主が求める情報をガラス張りにする必要がありますね。

内山：ガラス張りにしないと、中古住宅はいつまでたっても流通量が増えません。住宅履歴などの情報を買い主が簡単に得られるようになることで、状況は大きく変わるはずです。

いずれにしても、中古住宅市場の活性化には、中古住宅の資産価値を証明する仕組みづくりが不可欠です。

良質な住宅が時代を超えて大切に住み継がれるよう、私自身、これからも尽力していきます。

特別対談②

好きなことをやって生きる時代にこそ「いい中古住宅」が必要不可欠

サイディングリフォームの第一人者である古畑氏に、今後の家を長持ちさせるリフォームの価値についてお聞きしました。

古畑秀幸氏（ふるはた・ひでゆき）

1977（昭和52）年から43年間、窯業系サイディング材の営業、市場開拓、品質保証、商品開発とメンテナンスにかかわる「Dr.サイディング」。有限会社ニューライフ・アカデミー代表取締役社長。国土交通大臣登録住宅リフォーム事業者団体一般社団法人木造住宅塗装リフォーム協会代表理事。

中古住宅が今の半値になれば、残ったお金を別のことに使える

山下：今回の本では、住宅の寿命が延びることのメリットを読者の皆さんにお伝えしています。

その点について、古畑さんはどう考えていますか？

古畑：日本の会社員の生涯賃金の中央値は、２億円ほどです。

そのうちの１／４〜１／３程度が住宅費、特に住宅ローンの返済にあてられています。

この**生涯における住宅費を、住宅の寿命が延びることで、いくらかなりとも下げられる**のではないでしょうか。

それには、いつでも家を貸したり売ったりすることができるぐらいに、建物にしっかり資産価値をつけておかなければなりません。

つまり、家をよい状態に保つ必要があります。

山下：日本では、とにかく家や土地にお金がかかりますからね。

古畑：そうなんです。

住宅を消費することで、終わってしまっています。

住宅に山ほどお金をかけるのは、おかしな話だといいたいですね。

若い人たちが**今の半値ほどで中古住宅を買えるようになれば、残ったお金を別のところで有効に使うことができる**はずです。

好きなことをして生きる時代には、良質な中古住宅が出回る世の中があっています。

山下：住宅の寿命を延ばす上で重要な役割を果たすのが、外壁や屋根、いわゆる外装です。

古畑：これはもう、２０００（平成12）年に施行された品確法で「瑕疵担保期間の10年の義務化」の対象となっている建物の部位を見れば、単純明快です。

構造耐力上主要な部分、雨水の浸入を防止する部分の２つに大きく分けられています。

構造耐力上主要な部分というのは、柱やはり、基礎、土台などです。

これは、耐震性などにかかわってきます。

それから、**雨水の浸入を防止する部分というのは、言うまでもなく、外壁や屋根**ですよね。

防水は非常に重要です。

雨水が浸入すれば、木材は腐るし、シロアリも寄ってきます。

そうした意味では、防水性能を高めることは、柱や土台などの劣化を抑えるので、構造耐力の安定化にもつながるんです。

インスペクションの存在を知らない業者もまだまだ多い

山下：我々が外装診断やリフォーム工事のために現場に足を運んで、サイディングをはがしてみると、やはり直張りをしている外壁はかなり劣化が進んでいます。

古畑：アパート6戸も1棟として数えると、サイディングを使用している住宅は、現在、2000万棟ぐらいあります。

残念ながら、その2／3近くで直張りが採用されています。

2004〜2005年ぐらいまでは、直張りの住宅の割合が非常に高いんです。

2009（平成21）年に「長期優良住宅の普及の促進に関する法律」が施行され、長期優良住宅の認定を受けている家については、外壁も含め、もちろん通気性は高められています。

今、心配しているのは、700万〜800万棟あると想定される築20年以上の住宅のことです。

これらの住宅の外壁はそろそろ2回目の塗り替えの時期を迎えますが、塗装業者が検査も行わずに塗料を塗ってしまうと、メンテナンスをするどころか、さらに劣化を進めることになります。

わざわざお金をかけて、柱や土台まで腐らせてしまうことになるんです。

ましてや、既存の外壁材の上に新しい外壁材を重ねて張る「カバー工法」などは、愚の骨頂ですよ。

サイディングの表面がボロボロで塗装することができないから、金属のカバーで覆うなんていうのは、手術が必要な症状なのに胃腸薬で痛みをごまかしているようなものです。

山下：直張りの問題に関しては、法整備が遅すぎた感があります。
品確法が施行されるまでは、チェック機能が働いておらず、すべてが現場任せでした。

古畑：確かに、そうですね。

ただ、業者側にも問題がないわけではありません。

今は、国土交通省が検査基準を定めたインスペクションがあります。

そのインスペクションの存在すら知らない業者も、いまだに多いんです。


山下：手順に従ってインスペクションをしたがらない業者もいます。

検査報告書についても、写真をただベタベタ張りつけているだけのものを目にすることもありますね。

それで、口頭で説明してすませてしまうというんです。

「記録を残したくないのかな」と、依頼主に勘繰られても仕方がありません。

古畑：そのあたりが改善されないと、リフォーム業界全体がなかなか世間に認めてもらえないでしょうね。

「長く住み続けられる家」にしたいなら、新築時の業者選びも大切

山下：消費者にとっても業者選びが一番のポイントだと、あらためて思います。

古畑：業者を選ぶときには、希望するリフォームと業務内容が合っているか、実績のある業者か、国に登録された住宅リフォーム事業者団体に加盟している業者か、自宅からあまり遠くないかなど、さまざまな観点から検討することが大切です。

登録住宅リフォーム事業者団体に所属していることは、業者の信頼度の目安になります。

なぜなら、常に団体が業者に教育研修を行い、人材育成を進めているんですね。

それから、消費者に向けての相談窓口をしっかり設けている点も、大きな安心材料になるでしょう。

現在、さまざまな分野の15団体が登録されていますが、私が代表理事を務める木造

住宅塗装リフォーム協会は、家を長生きさせるリフォームに特化した団体です。家のリフォームを検討する際には、まずは登録住宅リフォーム事業者団体をインターネットでチェックし、条件に合う業者を選ぶとよいのではないでしょうか。

山下：「長く住み続けられる家」にするためには、リフォームのときだけではなく、新築のときの業者選びも大切ですよね。

新築時にメンテナンス計画のことをきちんとお客さまに説明する業者なら、かなり信頼がおけるといえます。

それをせずに、10年後にいきなりメンテナンスの計画表と見積書を持ってこられても、お客さまは困ってしまいます。

古畑：**メンテナンス計画しかり、片流れ屋根や軒ゼロの家は雨漏り事故が多いだとか、ホウ酸を使えば防蟻処理が一度ですむだとか、そうした情報を新築時に仕事をする業者もお客さまにしっかり伝えていく**必要があると思いますね。

記念日にして、リフォームを楽しもう！

外壁リフォーム時にラクガキを

今までいろいろとお話をしてきましたが、家に長く住むことの価値が上がる世の中に備えて、皆さまにはぜひ家のことを好きになってほしい、気にかけてあげてほしいのです。

「○年○月○日に外壁のリフォームをした」とか、「ドアが開きづらい」とか、気がついたことがあったら、この本の後ろに「お家ＭＥＭＯ」を用意しましたので、書き留めておいてはいかがでしょう。

また、リフォームはいつか絶対にしなくてはならないのですから、**面倒くさがるのではなく、せっかくだったら記念日にして楽しんでください**。

リフォーム前夜にお祝いするのもいいですし、たとえば、外壁をリフォームするときに家にラクガキさせてもらうのはどうでしょう。

日付を書いて、手形を押すとか、そのときの夢や家への感謝を書くとかして、写真に残すのです。

家にラクガキできる機会なんて、めったにありません。

会社によっては、そんなサービスも提供していますから、ぜひ聞いてみてください。

たとえサービスまではしていなくても、どんな塗料なら問題ないか、書きやすいのかなどは、教えてもらえるでしょう。

きっと、貴重な思い出になるに違いありません。

家は、あなたの人生と常に一緒にいるパートナーであり、思い返せば、そのいたるところに、あなた自身の、そして家族との思い出が眠っています。

ぜひ、好きになって、大事にしてあげてください。

それは、あなたの幸せと必ずつながるはずです。

お客さまも工事会社も幸せになれるウィンウィンの技術を広める

リフォーム業者の適当な仕事に泣かされているお客さまは多い

私は、およそ25年間、家の新築時の外壁や屋根の工事に携わっていました。
リフォームの仕事を始めたのは、5年ほど前からです。
家の新築の仕事をしていた私が、なぜリフォームの仕事を始めたのか。
それは、ひと言でいえば、リフォームの仕事が楽しいからです。

もっとも、多くの業者や職人は、リフォームよりも新築の仕事のほうを好んで引き受けます。

人の住んでいない場所で立ち働く新築の工事に比べて、**人の住んでいる家で行うリフォームの工事は気をつかわなければならないことが多く、何かと手間がかかる**のがその理由です。

それでも、私は、リフォームの仕事にやりがいを感じています。

一種の使命感を覚えているといってもよいかもしれません。

なぜなら、リフォーム業界には「インチキ」が非常に多いからです。

「インチキ」という言葉が言いすぎだとしたら、「いい加減」あるいは「適当」とでも表現すればよいでしょうか。


実際、そうした**リフォーム業者の仕事ぶりに泣かされているお客さまは、本当に少なくありません**。


サイディングの基材がすでに劣化しているのに、その対処をすることもなく、塗り替えをされてしまった家。

まだ住宅ローンの返済中にもかかわらず、外壁の塗装がいい加減だったために、家に雨漏りを起こした家。

基材や下地材に含まれている水分が原因で、外壁を何度塗り替えても、またすぐに塗膜がはがれてくる家。

外壁だけでも、塗り替えをすれば、費用は100万円近くかかります。
その費用が、結果的にすべて無駄になってしまうのです。

一部の例外を除けば、**リフォーム業者も、お客さまをだましてお金を手に入れようと考えているわけではない**でしょう。

作業効率を優先する姿勢や、知識・技術の不足によって、それぞれのお客さまが望んでいるリフォームを提案できていないことは否めません。

だからこそ、自分たちはそうではなく、定められたルール・手順をきちんと守ることはもちろん、新築での工事経験・知識も最大限に活かしながら、お客さまの気持ちに寄り添った最適なリフォームを提案、実現していきたいと考えているのです。

それが、お客さまの大切な家を「長く住み続けられる家」、住み心地のよい家にする、家のアンチエイジングリフォーム技師としての自負でもあります。

お客さまの幸せを追求することで、自分たちの価値を高められる

お客さまの気持ちに寄り添って仕事をすることは、家のリフォームに携わる私たち自身のためでもあるのです。

言うまでもなく、生きていくためにお金は必要で、私たちはリフォームの工事を請け負うことでお金をお客さまからいただいています。

しかし、**仕事の第一の目的をお金におけば、効率を最優先するようになり、最後は価格競争にも巻き込まれ、そこで働く人々は疲弊していく**しかありません。

一方、お客さまの気持ちに寄り添うことを大切にして仕事をすれば、必然的にお客さまと多くのコミュニケーションを重ねる必要があり、さまざまな形で考える機会を得ることができます。

「どうしたら、お客さまにもっと喜んでいただけるだろうか?」

「今のお客さまの話をふまえると、別の方法を提案してみるべきではないか?」

そうしたことを繰り返し考えるうちに、知識や思考が磨かれ、自分自身の成長にもつなげられるのです。

もちろん、その工事終了後にお客さまから感謝の言葉などをいただけたら、それに勝る喜びはありません。


こなすだけ、早いだけ、**安いだけの仕事ではなく、お客さまの気持ちに寄り添って一つひとつ丁寧に仕事をして、世の中に「長く積み続けられる家」、いつまでも価値のある家を1棟でも多く残す**お手伝いをしていくこと。

それがリフォーム業界で働く人々や業界全体の価値を高め、結果として売上や利益の向上をもたらすと、私は信じています。

お客さまの幸せを追求すれば、自分たちも幸せになれる。

だから、リフォームの仕事は楽しいのです。

第5章
のまとめ

健康な中古住宅の価値が高まる時代に

・家を長くもたせるのは、
国も力を上げて取り組むべき施策

・家を長持ちさせるためのリフォームを
きちんと行うための、
施策を考えている企業はたくさんある

・いい中古住宅が
重宝される時代の流れになっていく

おわりに

四半世紀、建築業界で仕事をしてきて強く感じていたのが、

「お客さまの家があまりにもぞんざいに扱われている」

ということでした。


「家」といえば、多くの人にとって、一生に一度の大きな買い物です。

しかも、**きちんと手入れさえしていれば、一生涯の財産**になります。

ところが、新しく家を建てるときも、リフォームをするときも、業者は見栄えこそそれなりに整えるものの、実際にはその場をうまくやり過ごすだけの対応をしていることも少なくありません。

その結果、新築から20年もたたずに、外壁や屋根といった家の外装ばかりでなく、柱やはりなどの躯体《くたい》の構造材まで、ボロボロになってしまっていることもあるのです。

お客さまから相談を受け、現場に足を運び、そうした家の有様を目にするたびに、私は心を痛めていました。

「大切な家がこんなことになって、本当に気の毒だ。こうなる前に、家が経年劣化するものであることを誰かがお客さまにしっかり説明し、適切なメンテナンスを施せなかったのだろうか」

それと同時に、大きな危機感を覚えました。

「こんな仕事をする業者が悪目立ちすると、リフォーム業界全体の信用が失われてしまう。そうなれば、世の中の家の寿命は、ますます短くなるばかりだ」

そこで、私は、まず自分自身の住宅リフォームの知識をさらに深めることに努めました。

国に登録された住宅リフォーム事業者団体である一般社団法人木造住宅塗装リフォーム協会に所属し、さらにその中で「窯業サイディング張替え研究会（ＳＤ張研）」を立ち上げました。

また、友人の会社に依頼して、家の劣化の状態を監視するモニタリングシステムの開発も進めようとしているところです。

それと同時に、設立当初から「NPO法人　外装エコロジーシステム」で理事長を務め、窯業サイディングのリサイクル活動にも取り組んでいます。

幸いにも、

「お客さまの家を長く住み続けられる状態に保ち、一生涯の財産としてほしい」という私の願いは、「いいものをつくって、きちんと手入れをして長く大切に使う」ストック活用型の社会への転換を図る国の方針とも一致しています。

実際、「既存住宅インスペクション・ガイドライン」や「長期優良住宅認定制度」が定められ、長く住み続けられる家にすることを前提として、お客さまにリフォーム工事をおすすめしやすい環境が整いつつあるのです。

この本の第1章でも述べたとおり、「長く住み続けられる家」を持つことには数多くのメリットがあります。

お金に関していえば、生涯の住居費や老後資金の面で有利です。

さらに、地震や暴風雨などの自然災害から、生命や財産を守ってくれます。

心身の健康にも寄与するでしょう。

「人生100年時代」を安心して過ごすための「おまもり」の役目も果たします。

そして、国が推奨する理由にもあるように、廃棄物の削減、資源の保護などの社会的意義も大きいものです。


こうした経済的・物質的なメリットのほかに、もう1つ、皆さんに知っておいてほしいのが、家を引き継いでいく喜びや満足感です。

「うちの家はもう壊しちゃったけど、あの家にそっくりだったなあ」

と、近所の家を見て、懐かしそうに振り返る中年男性。

「子どもたちはもうこっちに戻ってこないから、私たちがいなくなったら、この家は取り壊されちゃうんだろうねえ」

と、残念そうに語り合う高齢のご夫婦。

そんな言葉や姿に触れると、家がその場所にあることや、**たとえ自分の子どもや孫でなくても、誰かがその家に住み続けることを望んでいる人が少なくない**のだと、あらためて感じられます。


技術は、革新されていきます。

制度は、改善されていかなければなりません。

しかし、先人の想いや知恵は、受け継がれていくものです。

それが、やがて「文化」として結晶するのではないでしょうか。

「住み続けられる家」を財産としてはもちろん、文化としても守るのだという誇りと責任を持って、これからも住宅リフォームの仕事を続けていきます。


最後に皆さんに、おこがましいながらもお願いがあります。

リフォーム業界は、これから変わっていきますし、私もそのためにさまざまな努力をしていこうと思っております。

そこで、皆さんもぜひ、家への考え方、リフォームへの考え方を変えていただきたいのです。

まずは家を大切にしてあげてください。

そして、**家を大事にするためには、リフォームをきちんとするためには、どうしてもお金と時間がかかるということを理解してほしい**のです。

「なんで新築にお金をたくさんかけたのに、さらにリフォーム代を払わなくてはならないんだ」「早く安く終わらせたい」と思い、できるだけ安く、施工期間も短くしようとしないでください。

無理な値引きを要求されたり、安くないと仕事が来ないので値引きせざるをえないという状況があったりで、どうしても手を抜かざるをえないというケースもあるのではないでしょうか。

もちろんぼったくりは論外ですが、適正価格はあります。

決して自分がもうけたいから言っているわけではありません。

職人さんたちが、しっかりとした仕事をできるだけの工期や報酬をもらえるようになることも、いい加減なリフォームをなくすためには必要です。

それが、きっとあなたの家を長持ちさせ、さまざまな幸せを手に入れることに役立つはずです。

業者もお客さまもみんなが持ち家という最高の資産を通じて、ウィンウィンの関係を結べるようになることを心より祈っています。

最後までお読みいただきありがとうございました。

山下 隆盛

参考資料

・『マンガでわかる住宅リフォームガイドブック 令和元年度版』（国土交通省住宅局）
・『既存住宅流通・リフォームで求められるインスペクション』（一般社団法人 住宅リフォーム推進協議会）

参考サイト

・国土交通省ＨＰ
・一般社団法人 全日本瓦工事業連盟ＨＰ
・国土交通省国土技術政策総合研究所ＨＰ
・ＮＨＫ放送文化研究所ＨＰ
・政府広報オンライン
・総務省統計局ＨＰ
・窯業系サイディング材メンテナンス技術研究所ＨＰ
・一般社団法人 日本サッシ協会ＨＰ
・金融庁ＨＰ
・一般社団法人 住宅瑕疵担保責任保険協会ＨＰ
・独立行政法人国民生活センターＨＰ
・地域型住宅グリーン化事業評価事務局ＨＰ

・一般社団法人 環境共創イニシアチブHP
・サイディング技術研究所　SD技研HP
・一般社団法人木造住宅塗装リフォーム協会HP
・NPO法人外装エコロジーシステムHP

住宅リフォーム補助制度参考サイト

・長期優良住宅化リフォーム推進事業（https://www.kenken.go.jp/chouki_r/）
・地方公共団体における住宅リフォームに係わる支援制度検索サイト
（http://www.j-reform.com/reform-support/）
・地域型住宅グリーン化事業【省エネ改修型】（http://chiiki-grn.jp/）
・高性能建材による住宅の断熱リフォーム支援事業【断熱リノベ】（https://sii.or.jp/moe_material02/）
・次世代省エネ建材支援事業【次世代建材】（https://sii.or.jp/meti_material02/）

あなたの持ち家が危ない

発行日　2020 年 7 月 25 日　第 1 刷

著者　山下隆盛

本書プロジェクトチーム

編集統括	柿内尚文
編集担当	中村悟志
デザイン	鈴木大輔、 江﨑輝海（ソウルデザイン）
編集協力	村次龍志（株式会社アジト）
協力	内山岳彦（株式会社エー・エス・ディ）、古畑秀幸（ニューライフ・アカデミー） 高橋輝行（KANDO株式会社）
イラスト	石玉サコ
校正	中山祐子
DTP	中平正士
営業統括	丸山敏生
営業推進	増尾友裕、藤野茉友、綱脇愛、渋谷香、大原桂子、桐山敦子、矢部愛、寺内未来子
販売促進	池田孝一郎、石井耕平、熊切絵理、菊山清佳、櫻井恵子、吉村寿美子、矢橋寛子、遠藤真知子、森田真紀、大村かおり、高垣真美、高垣知子、柏原由美
プロモーション	山田美恵、林屋成一郎
講演・マネジメント事業	斎藤和佳、高間裕子、志水公美
編集	小林英史、舘瑞恵、栗田亘、村上芳子、大住兼正、菊地貴広
メディア開発	池田剛、中山景、長野太介、多湖元毅
総務	生越こずえ、名児耶美咲
マネジメント	坂下毅
発行人	高橋克佳

発行所　株式会社アスコム

〒105-0003
東京都港区西新橋2-23-1　3東洋海事ビル
編集部　TEL：03-5425-6627
営業部　TEL：03-5425-6626　FAX：03-5425-6770

印刷・製本　株式会社光邦

Printed in Japan ISBN 978-4-7762-1087-0

お家MEMO